中國神話

一生不能錯過的

中國神話

故事集

神話

培育文化 益智館 40

一生不能錯過的中國神話故事集

編著　周聖凱
責任編輯　賴美君
封面設計　林鈺恆
美術編輯　王國卿

出版者　培育文化事業有限公司
信箱　yungjiuh@ms45.hinet.net
地址　新北市汐止區大同路 3 段 194 號 9 樓之 1
電話　（02）8647-3663
傳真　（02）8674-3660
劃撥帳號　18669219

總經銷：永續圖書有限公司

永續圖書線上購物網
www.foreverbooks.com.tw

法律顧問　方圓法律事務所　涂成樞律師
出版日期　2020 年 03 月

國家圖書館出版品預行編目資料

一生不能錯過的中國神話故事集／周聖凱編著.
--初版.--新北市 ： 培育文化,民109.03
　面；公分.--（益智館系列：40）
　　ISBN　978-986-98618-3-0 (平裝)

　　1. 中國神話
282　　　　　　　　　　109001547

003

盤古開天闢地

關於天地起源，民間有諸多神話傳說，最著名的就是盤古開天闢地。有關盤古的神話，最早在中國南方少數民族民間廣泛流傳。苗、瑤族向來崇奉盤古，把盤古看作自己的祖先。壯、侗、仫佬等民族也盛傳盤古，把盤古看作開天闢地的人類始祖。

傳說在天地還沒有開闢以前，有一個不知道為何物的東西，沒有七竅，它叫做帝江（也有人叫它混沌），它的樣子如同一個巨大的雞蛋一樣，它有兩個好友一個叫倏，一個叫忽。倏和忽看見帝江的樣子很難看，覺得很不舒服，倏和忽就商量為帝江鑿開七竅，帝江同意了。倏和忽用了七天七夜的時間終於為帝江鑿開了七竅，但是帝江卻因為鑿七竅死了。

帝江死後，它的肚子裡出現了一個人，名字叫盤古。帝江的精氣變成了後來的黃帝。

盤古在這個巨大的雞蛋中，一直酣睡了約一萬多年，他醒來後，發現周圍一團混沌，當他睜開朦朧的睡眼時，眼前除了黑暗還是黑暗。他想伸展一下蜷縮了一萬多年的身體，但「雞蛋」緊緊包裹著身子，四肢伸展不開。他感到渾身燥熱不堪，汗流浹背，呼吸困難，他不喜歡這個「大雞蛋」。

盤古不想在這種不透氣的環境中蜷縮著生存下去，他不喜歡這種被束縛的感覺。他火冒三丈，勃然大怒，於是他拔下自己的一顆牙齒，把它變成威力巨大無比的神斧，掄起來用力砍向四周的混沌。

「轟隆隆隆隆……」一陣巨響過後，「雞蛋」中一股清新的氣體散發開米，飄升到高處，就變成了天空；另外一些渾濁的東西緩緩地下沉，變成了大地。從此，混沌不分的宇宙被盤古開闢為天空和大地，不再是漆黑混沌的一片，以前漆黑混沌的世界變成了明亮清新的世界。

天空高遠，大地遼闊。但盤古還是不滿意，他覺得天地分隔太近，不夠舒展，而且他還擔心天和地將來會重新合攏在一起，於是他又開雙腳，穩穩地踩在地上，

高高昂起頭顱，伸展雙臂，頂住天空，然後施展法術，身體在一天之內伸展九次。每當盤古的身體長高一尺，天空就隨之增高一尺，大地也向下增厚一尺。

經過一萬八千多年的努力，盤古變成一位頭頂天腳立地的巨人，而天空也升得高不可及，大地也變得厚實無比。天越來越高，地越來越厚，盤古的身體已有九千里那麼長了。

盤古想休息一下，他太累了，但是他仍然擔心世界會變回原來的混沌樣子，為了不讓自己的努力白費，他繼續施展法術，不知又過了多少年，天終於不能再高了，地也不能再厚了，而這時，盤古已耗盡全身力氣，他緩緩睜開雙眼，滿懷深情地望了望自己親手開闢的天地，自己竟然創造出這樣一個嶄新的世界！從此，天地間的萬物再也不會生活在黑暗中了。盤古長長地吐出一口氣，慢慢地躺在地上，緩緩的閉上沉重的眼皮，與世長辭了。

盤古死後，他嘴裡呼出的氣變成了春風和天空的雲霧，匯成人間美麗的風光，滋潤著新開闢的土地；他的聲音變成了天空的雷霆，時時在天地間迴盪，就像他生前的吶喊；盤古的左眼變成太陽，照耀大地，右眼變成浩潔的月亮，給夜晚帶來光明，日月不停的輪迴，看顧

著這個他親手開闢的世界。

　　他千絲萬縷的頭髮變成點點繁星，點綴著美麗的夜空；他的鮮血變成大地上的江河湖海，奔騰不息；他的肌肉變成千里沃野，供萬物生存繁衍；他的骨骼變成樹木花草，裝飾著顏色單調的土地；他的筋脈變成了道路；牙齒變成石頭和金屬，供人們使用；精髓變成明亮的珍珠，供人們收藏；汗水變成雨露，滋潤禾苗。

　　盤古倒下時，他的頭化作了東嶽泰山（現在山東）；他的腳化作了西嶽華山（現在陝西）；他的左臂化作南嶽衡山（現在湖南）；他的右臂化作北嶽恆山（現在山西）；他的腹部化作了中岳嵩山（現在河南）。傳說盤古的精靈魂魄也在他死後變成了人類。所以，人類都成了世上的萬物之靈。

　　盤古生前完成開天闢地的偉大業績，死後留給後人無窮無盡的寶藏，因此被民間敬為始祖。

02 天女散花

　　傳說盤古有兩個兒子一個女兒。他開天闢地之後，就給他的兩個兒子安排了任務，讓他的大兒子管天上事，就叫玉帝；二兒子掌管地上的事情，就叫黃帝；他覺得天上和地下只有綠色的樹和黑色的土，太單調了，就叫他的女兒掌管百花，人稱花神。

　　盤古臨死之前，把女兒叫到跟前，扯下自己的頭髮和鬍子包成一包，交給他的女兒，說：「這是一包百花種子，你要負責把它種活了，給你的大哥裝飾天庭，給你的二哥點綴大地。種活這百花種子，你要往西走二萬二千二百二十二里地，那裡有一座淨土山，你可取淨土一擔，攤在天石上，把這百花種子種在淨土裡。你再往東走四萬四千四百四十四里，日頭洗澡的地方，那裡有

一潭真水，不蒸不發，你可取真水一擔，澆灌百花種子，百花種子就會生根發芽。你再往南走六萬六千六百六十六里，那裡有一潭善水，你可取善水一擔，對花苗噴灑，花苗結出花骨朵。然後，你再往北走八萬八千八百八十八里，那裡有一潭美水，你可取美水一擔，滋潤花骨朵，這樣，就會開出百樣的花朵。」盤古說完，兩眼一閉就死了，他的屍體後來化成了盤古山。

花神按照父親的囑托，往西走了二萬二千二百二十二里地，取了淨土一擔，攤在天石上，播上百花種子。向東向南向西取來真善美三潭裡的水，精心育花。果然，百天之後，百花怒放，好看極了。

她歡歡喜喜地報告玉帝。玉帝便隨著妹妹來觀賞百花，他高興地說：「妹妹不辭勞苦，育出百花，用百花美化天庭，天庭不就成了花園了嗎？」

花神說：「當初父親開天闢地，叫你掌管九霄，叫二哥掌管九州，叫我育出百花給你點綴天庭，讓二哥的江山添秀。如今，我已經把百花育出，哥哥可助我一臂之力，把這些百花撒向人間。」

玉帝答應了，立即召集一百名仙女。對她們說：「我加封你們為百花仙子，受花神管轄。你們可以隨意採花，採牡丹的就是牡丹仙子，採荷花的就是荷花仙

子。你們把你們採的花撒向人間。」

　　百花仙子聽完玉帝的加封，手捧花籃跟著花神開始採花。她們各自選取自己喜歡的鮮花採摘，片刻工夫，花籃裡就採滿了。然後，她們手捧花籃，向人間撒下鮮花。從此，人間便百花齊放。

03 牛神受罰

　　據說天地初分之時，牛是天上管草籽的神，叫牛神。有一天，牛神來到倉庫，看見倉庫裡的草籽東一籮，西一筐的，亂糟糟的散在地上，倉庫裡連個落腳的地方都沒有。

他想收拾一下倉庫，誰知道，他收拾草籽的時候不小心碰撒了一筐，筐裡的草籽紛紛的散落到人間來。結果，人間的地裡到處長滿了雜草。糧田裡雜草叢生，糧食欠收，餓死了很多老百姓，地上荒野漫漫，白骨成堆，非常淒慘。

　　玉皇大帝不知道為什麼世間會變成這樣，就派一個天神去查訪。

　　這個天神到人間一查，發現是牛神把草籽撒到人間去的，就回去向玉皇大帝一一稟報了。玉皇大帝大發雷霆，就把牛神貶到人間去專為人們耕田，拉車，還罰他不能吃肉，每天要吃兩擔草，以戴罪立功。

　　牛神覺得自己並不是故意要把草籽弄下去的，對玉皇大帝的責罰感到很委屈，不想到人間去受苦，但又不敢抗旨。

　　牛神在天窗邊上猶猶豫豫，玉皇大帝等不及了，就讓兩個小神一巴掌把他打了出去，牛神一不留神，腦袋先著地，把門牙給撞沒了，所以到現在牛也沒有上牙。

　　牛神來到人間後，因為玉帝罰他一天要吃兩擔草。他心想：「再怎麼吃一天也吃不了兩擔草呀，但無法完成任務又怕玉帝再罰他。太白金星就給他想了個辦法：「你白天先把草吞下去，到了晚上再吐出來咀嚼。」

　　牛神別無他法，只好照辦。所以，到現在，牛吃草還要反芻。

04 杞人憂天

　　很久很久以前，杞縣是天地的正中心。那時候，杞縣一帶叫中天鎮。中天鎮位於中天山上，距離天只有三尺的距離。但中天鎮的人卻伸手摸不到天，因為他們只有幾寸高，最高的人也不超過一尺，所以，中天鎮也是矮人鎮。但後來，鎮上的頭領鎮首家生了四個孩子，這四個孩子跟其他人不一樣，他們比其他人高很多，各個都三尺多高，可以任意到天上走動。

鎮首的大兒子叫共工，二兒子叫祝融，三兒子叫杞人，另外還有個女兒叫女媧。老大長的一頭紅髮，青面獠牙，樣子十分可怕。他嘴巴裡能噴出水來，和海龍王成了很好的朋友，人們都叫他「水神」。老二祝融，腦袋瓜有一丈多長，臉紅的像團火，嘴巴一張，就能吐出火來，人們就叫老二「火神」。老三杞人和女兒女媧長得都是眉清目秀，一表人才。

　　兄妹四人，樣子有天壤之別，秉性也大不相同。共工和祝融，脾氣火爆，動不動就發火，甚至動手；杞人膽小怕事，樹葉掉下來都擔心砸了腦袋，整天畏畏縮縮的；而女媧則聰明，善良，惹人喜愛。

　　有一天，小妹女媧撿到一個天鵝蛋，兄妹四個都想吃。一爭一吵，共工和祝融的火爆脾氣上來了，兩人就動起手來啦。兩人從地下打到天上，從家裡打到外面，打的是天昏地暗，不可開交，不知道打了多長時間，兄弟兩個越打越急，共工一噴水，洪水遍地都是；祝融一吐火，烈火漫天燒。

　　不知道打了多長時間，祝融吐的火把天都燒紅了，像燒紅的鐵塊一樣，讓人不敢碰，地也燒熱了，像個大鐵鍋，把地上的洪水都給煮開了。共工一看不好了，自己怕熱，轉頭就往西方海龍王的方向跑。共工在前面

跑，祝融就在後面追。共工只顧著向西方跑，沒看路，一不小心一頭撞上了不周山。不周山是頂天的柱子，被共工這麼一撞，不周山塌了，天也就塌了。

天塌了，洪水遍地流，石頭到處滾。星星和月亮也往西邊滾下去。後來，西方就堆滿了石頭，成了很高的石頭山，這樣地上的洪水就往東邊流了，就成了東海。

天一塌，可把膽小怕事的杞人嚇壞了，他整天直挺著脖子，沒命的在中天山上跑來跑去喊著：「不好了，天塌下來了。」

女媧看到哥哥們這個樣子，老百姓的日子無法過了，就遍地尋找五色石去熔煉，然後用石漿補天。就這樣，不知道忙了多少年，女媧總算是把天給補好了。回去又不知道費了多少力氣，給杞人找醫問藥，總算把杞人救回清醒過來，不再到處喊叫，妖言惑眾了。

安定的日子才過沒多久，黃帝和蚩尤又打起來了。天地間打的一片黑霧騰騰的，遮雲蔽日，什麼也看不見了。再加上天鼓咚咚地響，到處殺氣騰騰，杞人嚇的又犯病了。他又開始每天狂奔亂叫：「不好了，天要塌下來了。」他整天這樣叫，叫得大家人心惶惶的，也沒心思耕種，更沒心思好好生活了。

大家都對杞人這樣喊叫很生氣，埋怨他「無事憂天

傾」。有一天，氣人的兩個哥哥共工和祝融正在睡覺的時候，一片樹葉掉下來落在杞人頭上，他嚇得一躍三尺高，尖聲叫道：「天塌下來了，天塌下來了。」共工和祝融睡得正香，被杞人這麼一叫吵醒了，一氣之下，他們一起把杞人打下了中天山。從此以後，中天山的人們再也沒見過杞人。

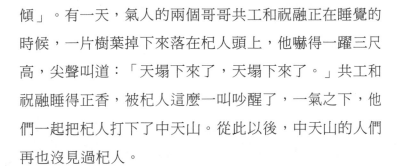

05 十二生肖排座次

混沌初分，天干地支剛定時，玉皇大帝下令普召天下動物，要按子、丑、寅、卯、辰、巳、午、未、申、酉、戌、亥十二地支選拔十二個屬相。消息傳出後，驚動了花貓和老鼠這兩個相好的朋友。

　　花貓對老鼠說：「明日五更去天庭應選，我有個貪睡的毛病，到時你可要喊我一聲啊！」

　　老鼠連聲道：「好說，好說！」可是第二天一早，不講信義的老鼠卻偷偷起床不辭而別了。

　　這天，靈霄寶殿上禽獸雲集，開始應選，玉帝按天地之別，單挑了龍、虎、牛、馬、羊、猴、雞、狗、豬、兔、蛇、鼠十二種水陸獸類來作十二屬相。公雞當時長著兩隻美麗的角，也被列入獸類裡。

　　玉帝剛要給它們排一下座次，只見黑狸豬閃了出來，別看它生得笨嘴拙腮，卻專愛惹事生非，它奏道：「玉帝既已選好首領，小臣願替君分憂解愁，當個公正人，為兄弟們依次排位。」

　　玉帝聞言大喜，囑咐豬要秉公而斷，就退朝了。玉帝一走，十二生肖就鬧成一團。

　　一開始，大家一致推選溫和、寬厚的老黃牛居首位，連威武的老虎、蒼龍也敬它幾分，表示同意。可是，縮在牆角的老鼠卻鑽了出來，提出抗議。

　　它說：「論大數我大，不信咱們到人間比試比試，聽聽百姓的評論。」於是，老黃牛和老鼠來到街頭鬧市。

　　牛在人群中走過時，人們毫無反應。

　　這時，老鼠「哧溜」一下子爬到牛背上打起立樁

來，街上的人們紛紛亂嚷：「好大的老鼠！」等人們拿出棍棒趕來追打時，老鼠早已跑遠了。

老鼠回來大吹大擂，眾動物都替黃牛打抱不平，只有黑豬暗自高興，它覺得只有這樣大小不分，好壞難辨，才能魚目混珠，自己也從中漁利，於是它大筆一揮先挑了老鼠，後排了老牛。

這可惹惱了在一旁的老虎和蒼龍，它倆大聲喧叫起來，震得眾動物們發抖。眾動物忙向龍和虎朝拜，一致推選老虎為山中之王，蒼龍為海中之王，統管天下。

猴子為老虎寫了「王」字金匾，掛在老虎前額上，公雞把兩隻角送給了蒼龍。從此，蒼龍戴上了桂冠。

老虎、蒼龍有了人間權勢，也就甘居老鼠和老黃牛之後了。這時，又跳出一個多事的野兔，它冷笑一聲說：「嘿嘿！論長相我和老鼠差不多，論個子我比老鼠大，我是山王的護衛，應該排在海王前面。」

蒼龍一聽大怒，說：「你休得胡攪蠻纏，不服氣咱就比試比試。」

黑豬一聽正中下懷，忙說：「一言為定，你們就比比賽跑吧，讓獵狗來做你們的裁判員。」

狗和雞素來不和，它見雞討好龍，便想藉機捉弄它們一下，它選了條荊棘叢生的跑道，暗地裡對兔子說：

「你的尾巴太長了，會妨礙比賽的，要忍痛割愛。」它給兔子剪斷了一大截尾巴，只剩下一點尾巴根。

比賽開始了，蒼龍騰雲駕霧，片刻間就飛到了前面去了，可是，當跑到灌木叢中時角就被樹籬掛住了，怎麼也摘不下來。野兔一躍十八個壠，一口氣跑到了終點。

黑豬不顧眾動物的反對，把兔子排在了蒼龍之前老虎之後。

狗去給野兔賀喜，它向兔賣好說：「要是不選這樣的跑道，不幫你割斷尾巴，你哪有今天的勝利呀！」

野兔正捧著那截粗大的尾巴惋惜，聽了狗的話，撇著三瓣嘴說：「哼！我是憑本領取勝的，沒有你，我也不需丟了這條漂亮的尾巴！」

狗一聽，眼都氣紅了，它說：「既然你有本領，那咱們也遛一遭！」

野兔傲慢地說：「這有什麼難，我先跑，你要能追上我，我請你啃骨頭。」說著就得意洋洋地跑起來。

獵狗磨了磨爪子，箭一樣地追了上去。不一會兒，就追上了野兔，它用嘴咬住野兔的脖子，一邊吃一邊說：「好了，這下該我啃骨頭了。」為了這件事，狗也受了處分，被排到最後頭。

蒼龍比賽失敗後，經常背地裡抱怨那對雞角拖累了

它，公雞聽到了又後悔又傷心，它來到海邊對龍說：「龍哥哥，既然這兩隻角對你毫無益處，那就請你還給我吧！」

龍狡猾地說：「這雙角雖然害了我，但能裝飾我的儀表，還你不難，但要等太陽出西山，月亮下東海。」說完，便往海底去了。

天真的公雞信以為真，它每天天還沒亮就起來，盼望太陽從西山出來，還不時伸長脖子，向大海呼叫：「龍哥──哥！角──還──我……」

從此，公雞失去了兩隻角，也被排在後頭。

只剩下猴、蛇、馬、羊、豬的排位沒有確定了，豬又別有用心地煽動起來：「猴弟是陸上的雜耍大王，蛇弟是水中的泅渡能手，你們誰先誰後呢？」

經過一番議論，它們決定再到人間進行一次民間測驗，進行雜技表演。青蛇邀了紅馬，猴子邀了山羊，讓它倆幫助做服裝道具。

當時，蛇腹下有十二條腿，行走起來又笨又慢。紅馬是個助人為樂的實幹家，它不聲不響地用薄皮給蛇做了一身曲筒龍衣，龍衣上面用馬鬃編了方格花紋，煞是好看。紅馬又從腹下刮了一層油脂塗在龍衣上，使龍衣非常滑膩。青蛇穿上龍衣，遮住了笨腿，用滑行代替了

步行，既靈敏又美觀。

山羊平時就討厭猴子，嫌它整天竄上跳下，踩壞了青草，所以對猴子的幫助就不那麼熱心，猴子想彌補一下光腚的缺陷，向山羊求援道：「羊大哥，請你剪給我一點絨毛，讓我補補後腚吧！」

山羊不高興地說：「天要變冷了，你知道我全憑這身寶衣呢！」猴子沒辦法，只好仍舊光著腚。

比賽那天，青蛇披著龍衣，一會兒在樹枝上盤捲如籬，一會兒在水面上滑行如梭。它昂起頭頸，只用尾尖著地，表演各種雜技，人們連連喝彩。

輪到猴子表演了，只見它攀槓子、蕩鞦韆，也贏來不少喝采，當表演到「倒掛竹簾」時，猴子用尾尖卷在樹枝上，頭朝下做起各種驚險動作，忽聽有人喊：「你們看，猴屁股眼著火了！」人們都大聲哄笑起來。

猴子向來護短，它臉紅心慌，忙用尾巴去遮屁股，只聽「撲通」一聲，頭朝下跌了個滿臉花。

就這樣，青蛇和紅馬排在了前頭，山羊和猴子排在了後頭。

給眾動物排完座次，黑豬把自己寫在最前頭，心想：「這回可是我陞官發財、名利雙收的時候了！」它來到靈霄殿，見了玉帝。玉帝接過座次表，看了一眼，

二話沒說，就把前面黑豬的名字勾掉，填在最後頭。

於是，玉帝讓太白金星按地支排寫成：子鼠、丑牛、寅虎、卯兔、辰龍、巳蛇、午馬、未羊、申猴、酉雞、戌狗、亥豬十二生辰表，並降下一道諭旨，令值日功曹到人間發佈。

排選已定，玉帝怒氣未消，又給黑豬批幾句話：無用蠢才，顛倒黑白。罰去吃屎，一年一宰。黑豬被貶，一下子氣了個大肚子。它終日躺在茅窩裡，再也懶得管閒事了。可是，有時仍然心裡發癢，按捺不住，用嘴巴拱這拱那，撥弄是非。

老鼠回到家裡，高興地捋著三根半鬍鬚跳起舞來，把熟睡的花貓驚醒了。

花貓問：「還不到時候嗎？」

老鼠說：「早過了，咱還爭了第一呢！」鼠向花貓繪聲繪色地吹噓起自己的乖巧。花貓懊悔地說：「我再三跟你說過，你怎麼不叫我一聲呢？」

老鼠卻說：「你自己沒長耳朵？我叫你去，你也許會搶了我的位置啊！」

貓一聽，氣得長鬚倒豎，杏眼圓睜，它張開鋒利的爪子，一個箭步撲上去，把老鼠吃掉了。從此，貓和老鼠就成了世代冤家。

06 伏羲打魚

　　相傳，伏羲的母親名叫華胥氏，是一個非常美麗的女子。一年春天，她跟姐妹們去郊外踏青遊玩，在遊玩途中因為貪戀周圍的美景，跟姐妹們走散了。

　　她自己一個人走呀走，發現了一個大大的腳印。她從來沒見過那麼大的腳印，想不出什麼人會有這麼大的腳印，她出於好奇，就將自己的腳踏在大腳印上，當下周圍明媚的天空驟然變黑，天空中雷鳴電閃，華胥氏覺得有種被蛇纏身的感覺，回家後就有了身孕。而令人奇怪的是，這一懷孕就懷了十二年。後來就生下了一個人首蛇身的孩子，這就是伏羲。

　　伏羲跟女媧是兄妹，他們製造了人煙以後，世間一天比一天繁華熱鬧起來了。可是，那時候，人剛剛被造

出來，他們的生活跟動物一樣，他們不懂得種莊稼，不會做衣服只用樹葉遮羞，不會蓋房屋，只能在山洞裡躲避風雨嚴寒，一天到晚只知道打野物，吃的就是野物的生肉，喝的就是野物的血。野物打得少，就少吃一些；打不到，就餓肚皮，在那個時候挨餓是經常的事情。

伏羲看在眼裡，痛在心裡。他想：要是再這樣下去，一些人豈不是要餓死嗎？他左思右想，想了七天七夜都沒有想出個可以解決兒孫們吃飯問題的辦法來。

到了第八天，他走到河邊一面散布，一面想辦法。走著走著偶爾抬頭一看，看見一條又大又肥的鯉魚，從波光粼粼的水面上跳起來，跳的很高。一會兒，又是一條鯉魚跳起來；再隔一會兒，又是一條。

伏羲靈光一閃。他想：這些鯉魚又大又肥，弄來吃不是很好嗎！他打定主意，就下河去抓魚，沒費多大工夫，就捉到一條又肥又大的鯉魚。伏羲很高興，就把鯉魚拿回家去，分給家人品嚐。

伏羲的兒孫們從來沒有注意過河裡的魚，他們不知道那是什麼東西，也不知道可不可以吃，看見伏羲手裡的魚，都跑來問長問短。伏羲把魚撕給他們吃，大家吃了，都覺得味道不錯。

伏羲向他們說：「既然魚好吃，以後我們就動手捉

魚，好補貼生活。」

　　兒孫們當然贊成，當下都跑到河裡去捉魚。捉了一個下午，差不多每人都捉到了一條，還有捉到三、四條的。這下子大家都歡喜得不得了，把魚拿回去好好地飽食了一頓。伏羲又打發人給住在別的地方的兒孫們送信，教他們都來捉魚吃。

　　這樣，不到幾天，伏羲的兒孫們都學會捉魚了。

　　但天有不測風雲，伏羲抓魚的事情被龍王知道了。龍王帶了烏龜丞相跑來干涉，他毫不客氣地對伏羲說：「誰准許你捉魚的？你們這麼多人要把我的龍子龍孫們都捉完嗎？趕緊給我放了！」

　　伏羲沒被龍王的話嚇倒，他理直氣壯地反問龍王：「你不准我們捉魚，那我們吃什麼？」

　　龍王氣沖沖地說：「你們吃什麼我管不著，但就是不准你們捉魚。」

　　伏羲說；「好，不准捉，我們不捉，以後沒得吃的我們就來喝水，把你海裡的水喝個精光，看你往後怎麼活！」

　　龍王本來是個欺軟怕硬的傢伙，聽伏羲這麼一說，心裡果然害怕了。他怕伏羲和他的兒孫們真的把水喝乾，自己的命就難保了。心想讓他們捉吧，又拉不下面

一生不能錯過的中國神話故事集

子，正在進退兩難之際，烏龜丞相一搖一擺的湊到龍王耳朵邊上，悄悄向龍王說：「你看這些人都是用手捉魚，你就和他們定個規矩：只要他們不喝乾水，就讓他們捉去，但是不許用手捉。他們不用手就捉不到魚。這下子既保住了龍子龍孫，又保住了龍君你的性命，還讓他們看著河水乾瞪眼，多好呀！」

龍王一聽這話，高興得哈哈大笑，用手拍了拍龜丞相的腦袋以示讚賞，他轉過臉來向伏羲說：「好吧，只要你們不把水喝乾，你們要捉魚就來捉吧，可是得遵守這個規矩，就是不能用手捉。你們若是答應，就算是說定了，以後雙方都不准反悔！」

伏羲想了想，說：「好吧！」

龍王以為伏羲上了當，便帶著烏龜丞相高高興興地回去了。伏羲也帶著兒孫們回去了。

伏羲回去以後，就想不用手捉魚的辦法。他躺在床上翻來覆去想了一個通宵，還是沒有想出好方法。第二天又想了快一天，到了黃昏的時候，他躺在河邊的樹蔭底下，眼望著天，還是在想。

突然，他看見兩隻樹枝中間，有隻蜘蛛在結網。左拉一道線，右拉一道線，一會兒就把一個圓圓的密密麻麻的網結好了。蜘蛛把網結好就跑到角落裡躲了起來。

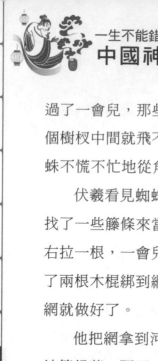

過了一會兒，那些遠遠飛來的蚊子呀、蒼蠅呀飛到這兩個樹杈中間就飛不動了，原來是被網子網著了。然後蜘蛛不慌不忙地從角落裡爬出來飽餐一頓。

伏羲看見蜘蛛結網，心裡突然開了竅。他跑到山上找了一些籐條來當繩子，像蜘蛛結網那樣，左搭一根，右拉一根，一會兒就編成了一張粗糙的大網，然後又砍了兩根木棍綁到網的兩頭，又拿了一根長棍綁到中間，網就做好了。

他把網拿到河邊往河裡一放，手握長棍在岸邊靜靜地等候著。隔了一會兒，把網往上一拉，哎喲，網裡好多活蹦亂跳的魚。這個辦法比起用手捉魚不但捉得多，人還不用下水。伏羲就把結網的方法教給他的兒孫們。從此以後，他的兒孫就都懂得用網來捕魚了，再也不缺吃的了。而這個方法一直沿用到現在。

龍王看見伏羲想到用網來捕魚，氣得吹鬍子瞪眼睛，但因為他自己有言在先，所以他也只能乾瞪眼。因為他們並沒有用手捉魚呀！龍王如果反悔，不但話不好說，還怕惹得伏羲和他的兒孫們生氣，真的來把水喝乾了。

龍王坐在龍宮裡焦急萬分，因此把他的一對眼睛急得鼓出來了。所以後來人們畫的龍王像，眼睛都是鼓起來的。

那個不知趣的烏龜，看到龍王急成那個樣，還想替龍王出主意。誰知道才剛剛爬到龍王肩膀上，嘴巴才剛一湊到龍王耳朵邊，一句話都還沒說出來，就被正在氣頭上的龍王一巴掌打到面前公案上的墨盤裡了。

烏龜在墨盤裡翻了兩翻，染了一身墨汁。所以到現在烏龜身上都是黑漆漆的，就是那回被龍王打到墨盤裡染的。

07 伏羲畫卦

傳說在人類的蒙昧啟蒙時代，生活艱難困苦，就在這時渭水上游的氏族部落誕生了一位劃時代的偉大人

物——伏羲。相傳其人首蛇身，與其妹女媧成婚，生兒育女，成為人類的始祖。

他領導部族辛勤勞作，「斷竹、續竹、飛土、逐肉」，卻因為人們對於大自然一無所知。每當下雨颳風、電閃雷鳴時，人們既害怕又困惑，有時候會一直沒有水，乾渴無比卻很無奈；有時候會突然洪水氾濫，原來住的地方都被水淹沒了，人們只得到處找地方住，這樣一來，人們雖然會耕種捕魚，卻依舊食不果腹，飢寒交迫。

伏羲對人們的生活狀態感到十分無奈。他想為人們做點什麼，想把這一切自然現象的來龍去脈都搞清楚。於是他經常站在卦台山上，仰觀天上的日月星辰，俯察周圍的地形方位，有時還研究飛禽走獸的腳印和身上的花紋。

他還時常盤坐渭河岸邊的卦台山巔，修練修行，苦思宇宙的奧祕。他忍耐著寂寞的煎熬，仰觀日月星辰的變化，俯察山川風物的法則，不斷地反省自己，追年逐月，風雨無阻。

青山著意，流水有情。他無私無畏的真誠終於感動了蒼天大地，有一天，他又來到了卦台山上，正在苦苦的思索他長期以來觀察的現象。突然，他聽到一

聲奇怪的吼聲，只見卦台山對面蒼翠的大山山頂火星飛濺，山體裂開，一聲炸響之後，從裂縫裡躍然跳出一匹龍馬。龍馬振翼飛出，悠悠然順河而下，直落在河心分心石上。

說它是龍馬，那是因為這個動物長著龍頭馬身，身上還有非常奇特的花紋。龍馬落在分心石上之後，分心石頓時通體透亮，與龍馬合為一體，就像雕塑一樣，這塊分心石跟龍馬合成的物體閃閃發光，配合龍馬身上的花紋，幻化成為立體太極，陰陽纏繞，光輝四射。

這景象頓時讓長期觀察天象的伏羲有所了悟，他的眼前出現了一幕幕美妙的幻境，此情此景震撼了伏羲的心胸，太極神圖深深映入他的意識之中，他頓時目光如炬，徹底洞穿了天人合一的密碼。原來天地萬物竟是如此的簡單明瞭——唯陰陽而已。

為了讓人們世世代代享受大自然的恩澤，他便將神聖的思想化作最為簡單的符號，以「——」表示陽，以「— —」表示陰，按四面八方排列而成了八卦。伏羲一畫開天，打開了人們理性思維的閘門，將困苦中掙扎的人們送上了幸福的彼岸，因此獲得了人們世世代代的崇敬和膜拜。

卦台山伏羲廟先大殿和天水伏羲廟先天殿伏羲聖像

兩側，一面是振翼龍馬，一面是河圖洛書，天花板上是六十四卦圖，這些都是伏羲畫卦傳說的形象化寫照。原卦台山上還留存石刀、石斧等生產工具，以表示對伏羲領導部族艱苦奮鬥的紀念。

08 神農氏嘗百草

繼伏羲以後，神農氏是又一個對中華民族貢獻頗多的傳說人物。他除了發明農耕技術外，更重要的是發明了醫術，制定了曆法，開創九井相連的水利灌溉技術等。

傳說神農氏生在常羊山腳，他一生下來就是個「水

晶肚」，肚子幾乎是全透明的，五臟六腑全都能看得見，還能看得見吃進胃裡的東西。

那時候，黎民百姓靠打獵過日子，天上的飛禽越打越少，地下的走獸越打越稀，人們只好餓肚子，後來就開始吃草。但是五穀和雜草長在一起，藥物和百花開在一起，哪些糧食可以吃，哪些草藥可以治病，誰也分不清。誰要是不小心吃錯了草，輕的難受幾天，重的則會喪命，有的人因為吃了毒草死的很痛苦。

神農氏看到人們生病時如此痛苦，他看在眼裡，疼在心頭。要怎樣給百姓充飢？怎樣為百姓治病？他下定決心要找到治病的方法。但從哪兒找起，他一時還理不出頭緒來。

有一次，他看見一隻貓病懨懨的躺在樹底下，不吃不喝，無精打采的，看來似乎是吃錯了東西，不舒服了。過了一會兒他看見那隻貓起來在大樹附近的草叢裡轉來轉去，一會兒從裡面叼出一棵小草，吃掉了。

神農氏第一次見到這種現象，就蹲在離樹不遠的地方看著。又過了一些時候，這隻貓就活蹦亂跳，又有了精神。他由此得到啟示，就決定從地下長的草開始尋求治病的方法。為此他決心嘗遍百草。

神農氏因為自己是水晶肚，吃了不好的草，可以看

到毒在哪個部位發作，能及時止住，所以神農氏就知道哪些草不能吃，哪些可以吃。

第二天，他帶著一批臣民，從家鄉常羊山出發，向草木最多的西北大山走去。他們走哇，走哇，越過了很多凶險的河，翻過了很多危險的沼澤地，腿走腫了，腳起繭了，他們還是不停地走，整整走了七七四十九天，來到一個地方。只見高山一峰接一峰，峽谷一條連一條，山上長滿奇花異草，大老遠就聞到了香氣。

神農氏他們正往前走，突然從峽谷中竄出來一群狼蟲虎豹，把他們團團圍住。神農氏馬上讓臣民們揮舞神鞭，向野獸們打去。

打走一批，又擁上來一批，一直打了七天七夜，才把野獸都趕跑了。那些虎豹蟒蛇身上被神鞭抽出一條條一塊塊傷痕，後來變成了皮上的斑紋。

這時，臣民們都很害怕，跟神農氏說這裡太險惡，勸神農氏回去。神農氏搖搖頭說：「不能回去！黎民百姓餓了沒吃的，病了沒醫的，我們怎麼能回去呢？」他說著領頭進了峽谷，來到一座高聳入雲的大山腳下。

這山高不見頂，半截插在雲彩裡，四面是懸崖峭壁，崖上掛著瀑布，長著青苔，溜光水滑，沒有登天的

梯子是上不去的。臣民們又勸他算了吧，還是趁早回去。

神農氏搖搖頭：「不能回去！大家都在等我們救命的方法，我們怎麼能空手回去呢！」他站在一個小山峰上，對著高山，上望望，下看看，左瞧瞧，右瞄瞄，拿主意，想辦法。後來，人們就把他站的這座小山峰叫「望農亭」。

突然，他看見幾隻金絲猴，順著高懸的古籐和橫倒在崖腰的古木，爬過來，盪過去，非常機靈。神農氏靈機一動，有了！他當下把臣民們喊來，叫他們砍木桿，割籐條，靠著山崖搭成架子，一天搭上一層，從春天搭到夏天，從秋天搭到冬天，不管颱風下雨，還是飛雪結冰，從來不停工。整整搭了一年，共搭了三百六十層，才搭到山頂。傳說，後來人們蓋樓房用的梯架，就是學習神農氏的辦法。

神農氏帶著臣民，攀登木架，好不容易上了山頂。放眼一瞧，真是高興，山上花草遍地，紅的、綠的、白的、黃的，各色各樣，密密匝匝。神農氏高興極了，他叫臣民們防著狼蟲虎豹，他親自採摘花草，放到嘴裡嘗。為了在這裡嘗百草，為老百姓找吃的，找醫藥，神農氏就叫臣民在山上栽了幾排冷杉，當做城牆防野獸，在牆內蓋茅屋居住。後來，人們就把神農氏住的地方叫

「木城」。

白天，他領著臣民們到山上嘗百草，晚上，他叫臣民生起篝火，他就著火光把它們詳細記載下來：哪些草是苦的，哪些是甜的，哪些熱，哪些涼，哪些能充飢，哪些能醫病，都寫得清清楚楚。他把好吃的放在身體左邊的袋子裡，介紹給別人吃和用作藥用；不好吃的就放在身體的右邊袋子裡，不能吃的就提醒人們注意。

有一次，他把一棵草放到嘴裡一嘗，霎時天旋地轉，一頭栽倒。臣民們慌忙扶他坐起，他明白自己中了毒，可是已經不會說話了，只好用最後一點力氣，指著面前一棵紅亮亮的靈芝草，又指指自己的嘴巴。臣民們慌忙把那紅靈芝放到嘴裡嚼了嚼，餵到他嘴裡。神農氏吃了靈芝草，毒氣解了，頭不昏了，會說話了。從此，人們都說靈芝草能起死回生。

臣民們擔心他這樣嘗草，太危險了，都勸他還是下山回去。他又搖搖頭說：「不能回去！我們怎麼能回去呢！」說罷，他又接著嘗百草。

他嘗完一山花草，又到另一山去嘗，還是用木桿搭架的辦法，攀登上去。一直嘗了七七四十九天，踏遍了這裡的山山嶺嶺。他嘗出了麥、稻、高粱能充飢，就叫臣民把種子帶回去，讓黎民百姓種植，這就是後來的五

穀。他嘗出了三百六十五種草藥，寫成《神農本草》，
叫臣民帶回去，為天下百姓治病。

　　神農氏嘗完百草，為黎民百姓找到了充飢的五穀，
醫病的草藥，來到回生寨，準備下山回去。他放眼一
望，遍山搭的木架不見了。原來，那些搭架的木桿，落
地生根，淋雨吐芽，年深月久，竟然長成了一片茫茫林
海。神農氏正在為難，突然天空飛來一群白鶴，把他和
護身的幾位臣民，接上天庭去了。從此，回生寨一年四
季，香氣瀰漫。

　　為了紀念神農氏嘗百草，造福人間的功績，老百姓
就把這一片茫茫林海，取名為「神農架」。把神農氏升
天的回生寨，改名為「留香寨」。神農架至今還有很多
未解的迷，這也是神農氏留給後人的財富。

09 精衛填海

傳說很久很久以前，炎帝有一個女兒，叫女娃。女娃是炎帝最寵愛的小女兒，模樣長得纖秀，性格卻很倔強，而且喜歡替弱者出頭，打抱不平，懲惡揚善。姐妹們都喜歡打扮，唯獨她愛好特殊，她不喜歡梳妝打扮，喜歡到處遊玩，尤其在水上運動，游泳划船，跳水沖浪，無一不愛，無一不精。黃帝見了她，也都忍不住誇獎她，炎帝非常疼愛女娃，視女娃為掌上名珠。

一天，她閒來無事，走出小村，找小朋友玩耍，看到一個大孩子把小孩子當馬騎，小孩累的小臉通紅，滿是汗水，累的趴下了，卻怕大孩子打他，眼裡含著淚水，大孩子卻還是意猶未盡，不肯罷休。大孩子是東海龍王的兒子，大家都懼怕他家財勢巨大，不敢說他。

女娃看不下去，就走過去，指著大孩子怒斥道：「你這個人太不知羞恥了，欺負小孩子算什麼本事，有力氣，去打虎打熊，人們會說你是英雄，你欺負小孩子，算狗熊。」

大孩子見女娃是個小姑娘，生得單薄文弱，根本不把她放在眼裡。他頭一歪，從小孩背上跳下來，走到女娃面前說：「我是海龍王的兒子，你是什麼人？竟敢來管我！」

女娃說：「海龍王的兒子有什麼了不起，我還是炎帝的女兒呢，以後你少到陸地上撒野，小心我把你掛到樹上曬乾。」

龍王的兒子說：「我先讓你知道知道我的厲害，往後少管小爺的閒事。」說著動手就打。

女娃從小跟著父親上山打獵，手腳十分靈活，力氣也不小，見對方蠻橫無禮，並不示弱，閃身躲開對方的拳頭，飛起一腿，將龍王的兒子踢個嘴啃泥。

龍王的兒子站起來，不肯服輸，揮拳又打，被女娃當胸一拳，打個昂面朝天。

龍王的兒子見打不過女娃，只好趕緊返回大海。但他一直不甘心輸給這個小姑娘，一心想著報仇。

女娃特別想到東海太陽升起的地方去看看，但父親

炎帝總是忙於工作：太陽升起時來到東海，直到太陽落下，日日如此，總是不能帶她去。

　　某日清晨，風和日麗，正是出遊的好時光。女娃沒告訴父親，自己駕著一葉扁舟，向她心目中東海太陽升起的地方划去。她在碧波蕩漾的東洋大海上遨遊，海風微微地吹拂，海浪柔柔地起伏，帶著小舟往大洋深處漂去。

　　女娃到了海中正玩得十分開心，剛巧讓龍王的兒子發現了。他游過來，對女娃說：「那天在陸地上讓你撿了便宜，今天你跑到我家門前，趕快認個錯，不然我興風作浪淹死你。」

　　女娃倔強地說：「我沒錯，認什麼錯。」

　　龍王的兒子見女娃倔強，在嘴頭上佔不了便宜，而且女娃根本沒有服輸的意思，他惱羞成怒，立即攪動海水，掀起狂風惡浪，海上起了狂風大浪，像山一樣的海浪把女娃的小船打翻了，女娃不幸落入海中，終究被無情的大海吞沒，還來不及掙扎，就被淹死了。

　　女娃死了，她的精魂化作了一隻小鳥，花腦袋，白嘴殼，紅腳爪，發出「精衛、精衛」的悲鳴，所以，人們便叫此鳥為「精衛」。精衛痛恨無情的大海奪去了自己年輕的生命，她要報仇雪恨。因此，她一刻不停地從

她住的發鳩山上銜了一粒小石子，展翅高飛，一直飛到東海。她在波濤洶湧的海面上迴翔，悲鳴著，把石子樹枝投下去，立志要把大海填平。她用嘴銜來石頭與樹枝投向大海，並發出「精衛，精衛」的叫聲，像是在激勵自己。年年月月，永不停歇。

大海奔騰著，咆哮著，嘲笑她：「小鳥兒，算了吧，你這工作就算做了一百萬年，也休想把我填平！」

精衛在高空答覆大海：「哪怕是做了上一千萬年，一萬萬年，做到宇宙的盡頭，世界的末日，我也要把你填平！」

「你為什麼這麼恨我呢？是東海龍王的公子把你淹死的，又不是我。」

「因為你是東海龍王公子的幫兇，你幫他是助紂為虐，你今天奪去了我年輕的生命，你將來還會奪去許多年輕無辜的生命。我要永無休止地做下去，總有一天會把你填成平地，讓你們再也不能興風作浪，禍害生靈。」

精衛飛翔著、鳴叫著，離開大海，又飛回發鳩山去銜石子和樹枝。她銜呀，扔呀，經年累月，往復飛翔，從不停息。

不知道過了多久，一隻英俊的海燕飛過東海時無意間看見了精衛，他為她的行為感到困惑不解，就去問大

海。大海無奈的告訴了海燕事情的來龍去脈。海燕瞭解了事情的起因之後，為精衛大無畏的精神所打動。他非常愛慕精衛，也幫精衛銜石填海，但精衛拒絕了，她不想拖累海燕。

後來，海燕就與精衛結成了夫妻，生出許多小鳥，雌的像精衛，雄的像海燕。小精衛和她們的媽媽一樣，也去銜石填海。而海燕就在海邊築巢，以供精衛累的時候可以在海邊歇歇腳。海燕為精衛築的巢被人們發現，就用來作成滋補品，就叫「燕窩」。直到今天，他們還在做著這種工作。

精衛這種鍥而不捨的精神，善良的願望，宏偉的志向，受到人們世世代代的尊敬。晉代詩人陶淵明在詩中寫道：「精衛銜微木，將以之填滄海」，讚揚了精衛小鳥敢於向大海抗爭的悲壯戰鬥精神。現在人們也常常以「精衛填海」比喻志士仁人所從事的艱巨卓越的事業。

人們同情精衛，欽佩精衛，把它叫做「冤禽」、「誓鳥」、「志鳥」、「帝女雀」，並在東海邊上立了個古蹟，叫作「精衛誓水處」。

10 陶神

　　陶神寧封是炎帝的二兒子。有一次，寧封從華山與崑崙山上飛下，穿過渭河的上空時，他看到下面有一個村莊，人們正準備在一座燃著青煙的祭壇前舉行祭祀的儀式，旁邊有一個燒製陶器的作坊，正在冒著縷縷青煙。作坊前，一些陶師們正在工場上忙碌地做著陶器，一群美麗的少女正圍著一堆剛出窯的新陶器手拉手跳著舞蹈。她們以愉悅的舞蹈表示著自己內心的喜悅之情。

　　這兒的一切是多麼溫馨、和平而幸福啊，更令人動情的是舞蹈少女們中間的一位身材窈窕、面容美麗的少女。寧封被這位女子的美貌所打動，深深地愛上了這位少女，只覺得自己心中燃起了熊熊的愛之火焰。

　　他飛下來化身為一位隻身旅行的青年，走到陶器作

坊中間，請求她們能夠讓他在這兒住上幾天，並且，為了表示自己對他們盛情款待的感謝，他將為他們做幾個陶器作為自己的食宿之資。

姑娘們圍繞著這個外地青年，看他能夠做出什麼新的花樣，只見他的雙手靈巧地轉動著陶輪，不一會工夫就做出了幾個非常新穎的陶器。一個是盛水的陶罐，奇特的是它的上部做成了一個少女頭形的模樣，壺口在女孩的後背處。

陶罐上少女栩栩如生。她的臉頰豐滿、細膩而富有彈性，線條圓潤、流暢而傳神。人們不由得被寧封這種生動、逼真的塑造技巧所折服。

寧封做的第二件作品是一個讓人百看不厭的陶盆。做好這個陶盆之後，他就在盆的底部作起畫來。只見他畫出了幾條小魚，接著他又畫了一個圓臉的人面魚身的東西。人們知道，他這是在畫著渭河之神陽侯與水神馬蓮的兒子——吉星，他是一個人面魚身的小精靈。

他的第三件作品還是一個陶盆，但這件陶盆卻使他由一個陶匠又成了一個巧妙、高超的畫家，因為他在這陶盆上面畫上了剛剛見到的少女們翩翩起舞的景象。然後他又做了幾個小口尖底的瓶子，瓶子的下半部還有兩個圓孔，可以用來繫繩。然後就讓人們把他做的這幾個

陶器放進窯中去燒。

　　第二天，寧封做的陶器燒製好了，人們發現他做的陶器還另有一些神奇之處：那個少女陶罐灌上水或者酒後，你無論怎麼倒都倒不完。

　　那個舞女舞蹈的盆子注進水後，那盆壁上的十五位姑娘好像活了一樣，她們倒映在水盆中的影子竟然翩翩地舞動了起來，同時扭動著自己的腰肢一齊前進，一齊後退。

　　那個繪有人魚的陶盆更加神奇：人們只要把水倒進這個盆子，用手輕摩盆沿，盆中剎那間就會波翻浪捲，水花四濺。三、四股噴泉洶湧澎湃，一起從盆底湧出，水柱足足有三、四尺高，真是令人驚奇叫絕。這時，盆裡畫著的那些魚兒與那個人面魚身的小精靈就會活潑地游動起來，他們互相追逐，甚至還能聽到小人魚嘻嘻的笑聲。

　　至於那幾個尖底瓶，同樣令人驚奇叫絕。少女們如果帶著它們到河裡汲水，就會看到它們能夠自動傾倒，自動汲水，當它汲到一半時就會自動翻轉過來。少女們把這些新鮮、聖潔的河水帶到高高地祭壇上去，就不會因為瓶裡的水太滿而溢出來灑在自己身上了。

　　人們無不為這些神奇的陶壺、陶盆與水瓶而感到萬

分驚訝與喜悅。人們把這些陶器當成了神奇的寶貝，將製作這些神奇陶器的寧封當成天上的神祇，將他請到祭壇前的廣場上，擺設宴席，隆重招待了這位風塵僕僕而又儀容俊美的外地青年。

這位陶神並不在意於人們對他的讚美與崇拜，他只想著他心中的姑娘。他把這幾個無比珍貴與神奇的陶器全都獻給了那位窈窕而美麗的少女。

無情女神方凝看到陶神心中愛火熾燃的樣子，想到從前他對自己的冷淡，就用一枝冷酷的冰箭射到了姑娘心裡，使她對任何人的愛情都退避三舍，對除了自己之外的任何人的相貌、身材、服飾與談吐等都覺得不夠滿意。

因此，那位姑娘對陶神的技藝不再羨慕，相反覺得他和其他任何追求她的人一樣都是同樣鄙陋粗俗的，覺得他們根本配不上她這樣的天仙似的姑娘。她變得越來越討厭寧封，就把他粗暴地趕走了。

她每天坐在在鏡子前、在溪水前顧影自憐，欣賞著自己的風姿，竭力躲避著陶神的追求。陶神惱怒之下，將她變成了一個癡迷與自戀的少女，使她狂熱地愛上水中的自己的倒影，把它當成了自己心中的「白馬王子」。她日日與「他」說著世界上最溫柔的情話，與「他」坐

在一起憧憬著自己將來與「他」的幸福生活。

　　最終，她撲向自己的「情人」的懷抱，投身於清流，化成了水邊的一叢綠竹。陶神這才帶著一種報復後的滿足與失意悵惘交織起來的情緒，無奈地回到了崑崙山中。

11 共工怒撞不周山

　　據傳說，顓頊是黃帝的孫子，號高陽氏，居住在今河南濮陽附近。他聰明敏慧，有智謀，在民眾中有很高的威信。他統治的地盤也越來越大，北到現在的河北一帶，南到南嶺以南，西到現在的甘肅一帶，東到東海中

的一些島嶼，都是他統治的地域。

顓頊因為掌握了很大的疆土，又得到部落人民的擁戴，就逐漸驕傲起來了。他每天除了吃喝玩樂，還要大家提供他玩的好方法，他不僅不管人間天災人禍，不顧人們受苦受難，他還強迫大家給他上供，供品少的部落他就殺掉首領，但礙於他的強大勢力，大家都敢怒而不敢言。

傳說水神共工氏姓姜，是炎帝的後代。他的部落在現在今天的河南北部。傳說他是二人首蛇身，長著滿頭的赤髮，他的坐騎是兩條龍。共工對顓頊的統治很是不滿，約集心懷不滿的天神們，決心推翻顓頊的統治，奪取主宰神位。反叛的諸神推選共工為盟主，組建成一支軍隊，輕騎短刃，準備找機會突襲天國京都。

據說共工對農耕很重視，尤其對水利工作更是看重，發明了築堤蓄水的辦法。那個時候，人類主要從事農業生產，水的利用是至關重要的。共工氏是神農氏之後，自然是想盡辦法發展農業。

共工有個兒子叫后土，對農業也很精通。他們為了發展農業生產，把水利的事辦好，就一起考察了部落的土地情況，發現有的地方地勢太高，田地澆水很費力；有的地方地勢太低，容易被淹。

由於這些原因，非常不利於農業生產。因此共工氏制定了一個計劃，把土地高處的土運去墊高低地，認為把下窪地墊高可以擴大耕種面積，高地去平，利於水利灌溉，對發展農業生產大有好處。

顓頊部不贊成共工氏的做法，再加上炎帝家族與黃帝家族本來就矛盾重重，顓頊更是存心找共工的麻煩，想盡辦法壓制共工。顓頊認為，在部族中至高無上的權威是自己，整個部族應當只聽從他一個人的號令，共工是不能自作主張的。

他以這樣做會讓上天發怒為理由，反對共工實行他的計劃，於是，顓頊與共工之間發生了一場十分激烈的鬥爭，表面上是對治土、治水的爭論，實際上是對部族領導權的爭奪。

這兩個人比起來，在力氣上，共工要略勝一籌，但論智謀，他卻不如顓頊。顓頊利用鬼神的說法，煽動部落民眾，叫他們不要相信共工。當時的人對自然知識缺少瞭解，對鬼神之事都極為相信，不少人上了顓頊的當，認為共工一平整土地，真的會觸怒鬼神，引來災難，因此顓頊得到了多數民眾的支持。

相反，共工不能得到民眾的理解和支持，但他堅信自己的計劃是正確的，堅決不肯妥協。

於是，兩個部落就打起來啦。兩股人馬從天上廝殺到凡界，再從凡界廝殺到天上，幾個來回過去，顓頊的部眾越殺越多，人形虎尾的泰逢駕萬道祥光由和山趕至，龍頭人身的計蒙挾疾風驟雨由光山趕至，長著兩個蜂窩腦袋的驕蟲領毒蜂毒蠍由平逢山趕至，還有火神祝融也來幫顓頊；共工的部眾卻越殺越少，櫃比的脖子被砍得只連一層皮，披頭散髮，一隻斷臂也不知被丟到哪兒去了，王子夜的雙手雙腳、頭顱胸腹甚至牙齒全被砍斷，七零八落地散了一地。

共工越來越絕望，他滿懷希望為大家修建水利，不但得不到大家的支持，反而讓大家都叛離了他。他越想越生氣，扔下武器，駕起飛龍，來到半空，猛地一下撞向不周山。

不周山原來是在西邊支撐著天的大柱子，現在撐天的柱子被共工撞斷了，天便破了一個洞。天地之間發生巨變，天空中，日月星辰都變了位置；大地上，山川移動，河川變流，只見大地向東南方向塌陷，天空向西北方向傾倒。

因為天空向西北方向傾倒，日月星辰就每天都從東邊升起，向西邊降落；因為大地向東南塌陷，大江大河的水就都奔騰向東，流入東邊的大海裡去了。收拾這個

爛攤子的，就是女媧，所以就有了女媧補天的故事。

共工後來得到了人們的諒解，他的英勇行為得到了人們的尊敬。在他死後，人們奉他為水師（司水利之神），他的兒子后土也被人們奉為社神（即土地神），後來人們發誓時說「蒼天后土在上」，談的就是他，由此可見人們對他們的敬重。

12 踏車星的傳說

話說很久很久以前，水神河伯和火神祝融為了爭奪地位、霸權，打得天昏地暗。河伯調運了他的全部水族軍隊——蝦兵蟹將，浩浩蕩蕩地要和祝融決一死戰，祝

融也不示弱，將他的火龍火馬全部投入了決鬥。他們這一打不要緊，但可就苦了黎民百姓，今天河水淹沒了田地，明天又烈火沖天燒燬了房屋，人們生活在水深火熱之中。

這場戰爭雖然雙方都損兵折將，但還是祝融打了勝仗。但祝融性情殘暴，統治期間大施淫威，只准太陽值日，不准雨師出門，他要讓水族永世不得翻身。這下可好了，大地被烤得裂了縫，人們沒有水，無法耕田種地。農夫們望著天盼啊盼……

再說人間有一戶人家，只有姐妹兩人——姐姐彩霞和妹妹彩虹。她倆從小就失去了雙親，是鄉親們把她們扶養成人的。她們看到由於乾旱而無法耕種，決心去找水，讓大家能種田活命。

姐妹倆想到了善良而又樂於助人的彩雲姑姑，決心請她指點找水之路。鄉親們聽說彩霞和彩虹要為大家找水，都十分感動，特地為她們趕縫了百家衣，含著熱淚送她倆上路。

姐妹倆翻過了九十九座山，越過了九十九條河，到了三百三十三里外的彩雲山，見到了彩雲姑姑，姐妹倆說明來意，請她幫忙找水，彩雲姑姑對她倆說：「要解除人間疾苦找到水可不是一件容易的事，光有一顆善良

的心和美好的願望是不夠的，還必須機智勇敢，不怕吃苦。」

彩霞和彩虹含著淚，斬釘截鐵地對姑姑說：「只要能給鄉親們帶來水，再苦再累我們也不怕。」

彩雲姑姑，人間到底為什麼會沒有水呢，這水又到哪裡去了呢？」

「是這樣的」彩雲姑姑說：「這事說來話長。天上有一條天河，河邊有一架水車，人間的水就是從那裡來的。那架水車由一個水車神掌管著，但火神和水神的戰爭要了他的命。由於祝融怕水族的勢力增大，便不准水族成員擔任此職。但那些火龍火馬又不能管理水，所以到現在水車還是停在那裡不轉，人間也就始終沒有水。

你們凡人想得到水，卻連天河也難接近，因為火龍火馬怕人間有水後，水族會發展壯大而極力阻止，蝦兵蟹將則為了盡力使族內成員擔任此職，也要襲擊你們。如果你們在經過火陣冰河時感到了害怕，那就會被燒死在火海裡，凍死在冰河中。而且你們一旦接觸到天車，那就永遠也不能離開一步，也就再也見不到養育你們的大地和眾鄉親，你們將永遠失去歡樂、寵愛。因此，我勸你們還是放棄這個念頭，留在我這兒吧！你們看，這裡的景色是多麼迷人啊！況且吃的、穿的都不用你們擔

憂，你們還可以常回去看望父老鄉親，並帶點吃的、穿的回去，接濟接濟他們。」

彩霞和彩虹姐妹倆流著淚，異口同聲地說：「謝謝彩雲姑姑的好意，但是我們不想坐享安逸而看著鄉親們流離失所。如果你真心為了我們好的話，就請給我們指點一下求水之路，我們只要水，為了水，我們什麼樣的困難也不怕。」

「難道你們真的不怕？過冰河和火陣可不是鬧著玩的。」

姐妹倆擦乾了眼淚堅定地說：「姑姑，我們是穿了百家衣出來的，帶著鄉親們的殷切期望，絕不能辜負了鄉親們的重托，只有做到無愧於生我們養我們的土地，才可以報答鄉親們的養育之恩。因此，我們一定要找到水。那怕是上刀山下火海也絕不後悔。」

彩雲姑姑被她們這種精神感動了。她拉著兩姐妹的手，激動地說：「好姑娘，我來告訴你們找水的路，沿著這條路一直向前走就可看見祝融的宮殿，再裡面是水族的樂園，最裡面才是天河，天車就在天河邊！」

彩霞和彩虹在彩雲姑姑的指點下，憑著堅強的毅力，機智勇敢地闖過了火王宮，游過了水族府。她們都被燒得皮開肉綻，凍得渾身發紫。但是，當他們一看到

身上的百家衣，一想到鄉親們的期望，就覺得渾身都是力量。

最後，她們來到了天河邊，看到高大的天車果然靜靜地躺在天河邊，而人間卻是天乾地旱，大地被烤得發白，鄉親們都眼巴巴地看著天。

她們一想到鄉親們就忍不住流下了熱淚，心中暗想：鄉親們，你們沒有白養大我們，今天報答你們恩情的機會終於到了。想到這裡，她們再也顧不得許多了，便一起跨上天車，踩動起來，於是清涼的水便從天上源源不斷地流向人間大地，流向每一條大河小溪。鄉親們歡呼著，跳躍著，人們又能耕種田地，收穫糧食，而不再挨餓了。

再說祝融在獲勝之後，天天擺宴慶賀勝利。但是這天，火龍前來向他報告了人間有水的消息，他大發雷霆，便命令太陽加倍地放射出光和熱，把大地上的水重新收回到天河中，不讓人間有水。所以每到夏天，太陽就特別毒辣，雖然彩霞和彩虹姐妹倆拚命踩車，但還是入不敷出，所以夏天的河水特別淺，但這些水是從天河裡來的，所以又特別清涼。

彩霞和彩虹姐倆為了使鄉親們過上幸福的日子，自己卻變成了兩顆美麗的星星，這就是天河南端的踏車

星。她們總是兢兢業業地踏著車，踩一腳就閃一下，一閃又一閃，從不停息。一直從遠古到今天，人間也就從未斷過水。

13 女媧補天

女媧，又稱女陰、女媧娘娘，鳳姓，生於成紀，據傳說她的名字為鳳理希（或為鳳理犧）。是中國歷史神話傳說中的一位女神，與伏羲為兄妹，人首蛇身，相傳曾煉五色石以補天，並摶土造人，制嫁娶之禮，延續人類生命，造化世上生靈萬物，被中華民族敬為創始神和始祖神。

現在山東省日照市有女媧補天台。女媧補天的故事據說是發生在現在處於東海之濱的山東省日照市的丘陵地帶。

　　傳說當盤古開天闢地後，當宇宙初開時，天地之間只有他們兄妹二人，而天下未有其他生靈。女媧覺得如此開闊的天地間只有她跟伏羲兄妹兩個人，太孤單了，於是女媧正月初一創造出雞，初二創造狗，初三創造羊，初四創造豬，初六創造馬，初七這一天，女媧用黃土和水，仿照自己的樣子造出了一個個小泥人，她造了一批又一批，覺得太慢，於是用一根籐條，沾滿泥漿，揮舞起來，一點一點的泥漿灑在地上，都變成了人。

　　為了讓人類永遠的流傳繁衍下去，她創造了嫁娶之禮，自己充當媒人，讓人們懂得「造人」的方法，憑自己的力量傳宗接代繼承了皇位，人類逐漸繁衍起來，世間和平安寧。

　　但是鎮守冀方的水神共工，對女媧繼承皇位後的一些政策十分不滿，就興風作浪，女媧即令火神祝融迎戰，他們從天上一直打到地下，打的天地間塵土飛揚，遮天閉日，鬧得世界到處不寧，最終結果祝融打敗了共工，但敗了的共工不服，惱羞成怒，一怒之下，把頭撞向了原來在西邊支撐著天的不周山。

這一撞，力大無窮，把不周山撞崩裂了，撐支天地之間的大柱斷折了，天塌下了半邊，出現了一個大窟窿，地也迸裂開一道道大裂縫，山林燃起了大火，山林中生活的野獸都無處藏身而葬身火海，洪水從地底下噴湧出來，衝向人們生存的村莊，生活在地面上的人類因為大火燒壞了森林，食不果腹，因為洪水沖壞了房屋，衣不遮體，龍蛇猛獸也出來吞食人類，人間成為地獄，屍殍遍野，大地上一片哀號之聲。人類陷入空前的大災難之中，面臨被滅絕的危險。

女媧見她的兒女們即將失去生存條件，著急萬分，就決心煉石補天，以終止這場災難。但能去哪裡煉石？女媧遍涉群山，選擇了天台山。這裡山高頂闊，水足石多，是煉石的理想地方。她選用各式各樣的石子，架起火進行煉製補天巨石。

女媧在天台山上煉了九九八十一天，煉了一塊厚十二丈、寬二十四丈的五色巨石，眾神稱好。於是依照此法，又用整整四年的時間，煉了三萬六千五百塊五色石，連同前面的那塊共三萬六千五百○一塊。

眾神仙和眾將官幫女媧補天，用了三萬六千五百○一塊，因石是五色的，形成了天上的彩虹、彩霞。

且說天補好後，天空又完好無損了，天上還有了彩

虹和彩霞，比以前更漂亮。但因為原來是四根支柱支撐著天空，天空才塌不下來，現在不周山被撞斷了，只有三根支柱支撐的天空不牢固，女媧擔心天再塌下來，所有的努力會前功盡棄。於是她想找根支柱代替被撞倒的不周山，但天地之間哪兒有這麼大的柱子呢？女媧正在一籌莫展之際，這時有一大龜游來，獻出了自己的一條腿，這條腿雖不及不周山高，但足以支撐天不讓它塌下來。

但烏龜獻出一條腿後只有三條腿，走路很慢了，女媧過意不去，將自己的衣服扯下來送給它，於是烏龜從來都爬的很慢，但它把女媧的衣服變成了鰭，從此龜游水不用腿而用鰭了。

女媧還擒殺了殘害人民的黑龍，剎住了龍蛇的囂張氣焰，最後為了堵住洪水不再漫流，女媧還收集了大量蘆草，把它們燒成灰，灑向四處鋪開的洪流，堵住了一些水，被堵住的水就變成了湖，但還有兩條沒有被堵住，於是後來派大禹把它引向大海，貫穿中國東西，這兩條就是長江和黃河。

女媧用龜的四條腿做擎天柱。因西、北兩面的短些，故有「天傾西北」的說法。

經過女媧一番辛勞整治，蒼天總算補上了，地填平了，水止住了，龍蛇猛獸也都消失了，人民又重新過著

安樂的生活。

　　但是這場天大的災禍畢竟留下了後遺症，從此天還是有些向西北傾斜，因此太陽、月亮和眾星晨都很自然地歸向西方，又因為地向東南傾斜，所以一切江河都往那裡匯流。

　　女媧補天後，洪水歸道，烈火熄滅，天地定位，普天同慶，人們在天台山迎女媧歸朝，女媧也十分歡喜。到天台山後，看天下的兒女們生活安然，非常高興，便造了一種樂器來表達自己的高興的心情——笙簫。這種笙簫至今還是很多少數民族節日歡慶的必備之物。

　　後來人們為了感謝女媧，就到處修建女媧廟，有的女媧廟還是當地的求子神廟。因此，女媧娘娘補天的故事一直流傳至今。

風后和她的指南車

　　指南針的前身就是指南車，但指南車是誰第一個發明的呢？這就得從洪荒時代黃帝和蚩尤的大戰說起。傳說黃帝和蚩尤為了爭奪帝位而大戰三年，共打了三次大仗。經過了阪泉之戰，涿鹿之戰和冀州之戰，最後黃帝終於打敗了蚩尤。

　　傳說在涿鹿大戰中，蚩尤的部隊被黃帝的部隊緊緊追逼，眼看就要陷入一敗塗地的困境了，這時候，蚩尤突然想起了自己的朋友們。

　　他請來了風伯和雨師，呼風喚雨，給黃帝的軍隊造成了莫大的損失。黃帝也趕緊搬救兵，他請來了天上一名叫旱魃的女神，施展法術，制住了風雨，黃帝的軍隊才能繼續前進。

　　到了一個地形險惡的山腳邊時，詭計多端的蚩尤又施展出大霧，頓時大霧漫天遍野，遮天蔽日，把黃帝的軍隊困在這山腳邊。黃帝領著軍隊在山腳下轉呀轉呀，轉了三四天，就是轉不出去。

　　黃帝十分著急，他沒辦法了，只好又請風后、力牧、常先、大鴻等大臣們商量對敵之策。大家也是對大霧束手無策，商量了半天也沒商量出個辦法來。

　　黃帝愁眉苦臉地說：「大家想想辦法，就算能確定知道一個方向也好呀！」

　　這時，風后突然想起來，她小時候在一座山上玩一根鐵棍，不論她怎麼轉這根鐵棍，鐵棍的一端老是指向一個固定的方向，後來伯高就在這山上發現了一種礦石，能吸住鐵。

　　她腦筋一轉，跟黃帝說：「臣聽伯高說過，他在採石煉銅的時候，發現了一種石頭，這種石頭能吸住鐵，我們看能不能用這個道理，製造一個能指引方向的東西呢？這樣我們就不怕迷路了。」

　　黃帝連聲說：「有道理，有道理。那就請閣下趕緊想辦法造這個指引方向的東西吧！」

　　在風后的帶領下，幾位大臣們研究了幾天幾夜，最後終於製造出了一個能指引方向的東西，這是一個鐵質

的假人，伸手向前，在假人腳底下有一塊磁石，這樣無論怎麼轉動，假人的手始終指向南方。

因為這樣的東西太重，行軍過程中不好搬運，風后就找了一輛車，把假人裝在車上。這樣，士兵們在山腳下的大霧裡跟蚩尤打仗時，一旦被大霧迷住，就看看指南車上站的鐵人的手指的方向，馬上就能辨認出東南西北來。

黃帝的軍隊有了指南車，再也不怕蚩尤的大霧了。他們人人勇敢作戰，終於打敗了蚩尤的部隊，並把蚩尤逼到冀州，終於在冀州把蚩尤殺死。從此，黃帝打通了擴展到中原的道路，控制了黃河中游一帶。

等黃帝打敗蚩尤的時候，風后因為常年勞累而疾病纏身，再加上年老體邁，不久就死去了。黃帝和大臣們都很難過，為了紀念風后在大戰蚩尤中的功勞，黃帝親自選了一塊墳地，把風后埋葬在了黃河北岸東南角的趙村。

後人為了紀念風后的功績，就把埋葬風后的趙村改名為「風陵」，就是指風后的陵墓。

15 燧氏取火

　　傳說很久很久以前的洪荒時代，在很遠很遠的西方洪荒的地方，有一個國家，名字叫做「遂明國」。這個地方因為太偏僻太荒遠，以致於太陽的光芒和月亮的銀輝都普照不到，可以說這裡永遠黑暗，沒有白天，全是黑夜。

　　在遂明國，因為沒有陽光，所以各種植物都不生長，但只有一棵大樹，名叫「遂木」。這棵樹真是異常之大，它的樹枝很高很長，光是樹冠的面積就可以把整個遂明國遮蓋起來，它的枝椏伸展到了幾十里以外的地方，而且整棵大樹看起來，就像是一片茂密的森林。

　　按理說遂明國本來就是見不到日月之光，暗無天日的，再加上有這麼大的樹木遮蔽，必然是黯黑一團、漆

黑一片，伸手不見五指的。但其實並非如此，大樹下到處閃耀著美麗的火光，猶如珍珠生輝、寶石發亮，把四下裡都照耀得明明亮亮，如同白晝。不見天日的遂明國百姓，就在這種燦爛的美麗的火光中，躬耕勞作，怡然自得，悠哉悠哉的靠這種火光生活。

儘管自然界火的現象遂明國早就有了，如火山爆發或者是打雷閃電的時候，也會起火。人們後來偶爾撿到被火燒死的野獸，拿來一嚐，味道挺香的，於是人們漸漸開始喜歡吃被閃電打中的野獸，那時，人們還不知道那是火的功勞。

當地有個很聰明的外族人，叫燧氏，他是周遊各個部落時偶爾經過這裡，被這裡的奇異的現象吸引而留了下來，決心找出真正的原因。經過多少次的試驗，他發現了火燒過的野獸跟閃電擊中的是同一個味道，甚至更好吃，於是知道這是火的功勞。

後來人們漸漸學會用火燒東西吃，並且想法子把火種保存下來，使它常年不滅。漸漸的，人們發現火能幫助人們禦寒，抵禦野獸的傷害和煮熟食物，讓人們可免於挨餓及受凍，所以火在他們日常生活中扮演著非常重要的角色。

有很長很長的一段時間，人們為了火種不能久存而

苦惱，因此保護火種，是一件非常重要的事，萬一沒有了火種，真不知道會發生什麼可怕的事？因為，沒有了火，就等於沒有了光明，人們就不能夠正常地生活，不但要生吃很多味道很不好的食物，到了晚上，也只能靠月光來照明，而且還會經常受到野獸猛禽的襲擊。為了保存火種，大家就輪流值日看守火種，長年累月，沒有盡頭。

可是保存火種非常之難，有許許多多的不利因素，但畢竟火種不好保存，有時候長期下雨火種就熄滅了。人們又不得不吃生的野獸，因此常常使得他們的生活處於沒有火的狀態。這個聰明智慧的燧氏注意到了火的重要性，又想到這個國家的人民的痛苦狀態，就發誓要把這個謎團解開。

有一天，他終於發現這裡有一種大鳥，桔紅色的嘴巴，漆黑的脊背，雪白的肚皮，長著鶚爪似的堅硬利爪，在大樹上跳來跳去找蟲吃，不時像啄木鳥似的用長長的硬喙啄樹幹，每一啄，就發出璀璨的、奪目的火光。這個聰明人見了這種景象受到啟發，想到了取得火種的辦法。於是他撿了一根硬木枝，在遂木上鑽起來，結果真的也發出火光。可惜的是用這種樹木鑽出來的火，只發光，沒有火苗。

他不停的鑽，從人們開始耕作到人們回來休息，從遂木上的小洞變成了大洞，手上磨出了水泡，成了老繭，老繭慢慢變厚，一層又一層，他腳下的木屑越來越多，終於有一天，一個火光掉在木屑上，把木屑點著了。

他明白了，原來遂木上可以出現火光，但只有火光有燃燒的東西時才能給人們燒東西吃。他對這個發現非常高興，他興奮的跑到田裡，跟大家一起分享這個好消息。於是大家都跟他學會了鑽木取火的方法。後來，他又發現其他木頭也能取火。

燧氏想把這個方法告訴其他部族的人們，於是他又開始了周遊的旅程。從此，全世界各地都知道了遂木取火的方法。

他把這個鑽木取火的力、法教給人民，從此人類就不再靠天然的雷電來點燃火種，也不必小心翼翼地天天看守著已點燃的火堆，唯恐熄滅了。有了取火的方法，火的用途也就大為擴大了。而且聰明的人類又改變了取火的方法。又過了相當長的時期，人們把堅硬而尖銳的木頭，在另一塊硬木頭上使勁地鑽，鑽出火星來；也有的把燧石敲敲打打，敲出火來。如此這般，人們最終掌握了人工取火的方法。正因為他的功勞，讓人們享受到光明，讓人們無須生活在黑暗中，真是太偉大了。他的

事跡是對人類最初征服火的一曲頌歌。人征服了火，火磨煉了人，人成了星際間的萬物之靈。

　　這個聰明人發明了鑽木取火的方法，受到後人敬仰，尊稱為「燧人氏」，就是取火者的意思。由於發明鑽木取火，燧人氏被黃帝封為司徒，主管南方事物。他住於衡山，葬於衡山。人們為了紀念他的重大貢獻，將衡山的最高峰命名祝融山峰。

16　倉頡造字

　　相傳倉頡曾經是黃帝手下的一名官。那時，當官的可並不像現在一樣威風，他和平常人一樣，只是分工不同。因為黃帝的國家很大，又養了很多牲畜，種了

很多糧食，如果不找人管理，國家的財政就會很亂。於是，黃帝分派他專門管理圈裡牲畜的數目，囤裡食物的多少。

倉頡這人很聰明，做事又盡力盡心，很快就熟悉了所管的牲畜和食物，心裡都有了譜，難得出差錯。但慢慢的，國家越來越大，人越來越多，牲畜、食物的儲藏在逐漸增加、變化，光憑腦袋記不住了，這時倉頡常常會因為記得不夠準確而出差錯，甚至在黃帝跟蚩尤的涿鹿大戰中，差點因為他記憶錯誤導致供給糧草不足而釀成大禍。

倉頡很想解決這個難題，但是當時又沒有文字，更沒有紙和筆，怎麼辦才能記得精準呢？倉頡開始煩惱了。但倉頡從來就不是知難而退的人，他一向都是迎難而上的。

倉頡開始整日整夜地想辦法，先是在繩子上打結，用各種不同顏色的繩子，表示各種不同的牲畜、食物，用繩子打的結代表每個數目。但時間一長久，就不奏效了。這增加的數目在繩子上打個結很快速，而減少數目時，在繩子上解個結就麻煩了。倉頡又想到了在繩子上打圈圈，在圈子裡掛上各式各樣的貝殼，來代替他所管的東西。增加了就添一個貝殼，減少了就去掉一個貝

殼。這法子很管用，一連用了好幾年，倉頡做的越來越順手。

黃帝見倉頡這樣能幹，叫他管的事情就愈來愈多，年年祭祀的次數，回回狩獵的分配，部落人丁的增減，也統統叫倉頡管。倉頡又頭痛了，憑著添繩子、掛貝殼已記不了這麼多事情了。怎麼才能不出差錯呢？

有一天，他參加集體狩獵，走到一個三岔路口時，幾個老人為往哪條路走爭辯起來。一個老人堅持要往東，說有羚羊；一個老人要往北，說前面不遠處可以追到鹿群；一個老人偏要往西，說有兩隻老虎，來不及時打死，就會錯過了機會。三個人都想往自己的方向走，但又不能單獨行動，就在岔路口爭論起來。

倉頡上前問：「你們是怎麼知道什麼野獸在什麼方向的呢？」老人們說：「這還不簡單？你看看地上野獸的腳印不就明白了。」原來他們都是看著地下野獸的腳印才認定的。

倉頡心中猛然一喜：既然一個腳印代表一種野獸，我為什麼不能用一種符號來表示我所管的東西呢？他顧不得為老人們排解糾紛，高興地飛奔回家，開始創造各種符號來表示事物。果然，用這種方法比結繩記事更有效，能把很多很多事情的來龍去脈記得一清二楚，而且

還能把每件事情的發展過程記清楚。忘記的，一看牆上記的符號就清楚了。

黃帝知道這件事情後，對他大加讚賞，命令倉頡到各個部落去傳授這種方法。漸漸地，這些符號的用法，全推廣開了，就這樣，形成了文字。

倉頡造了字，黃帝十分器重他，人人都稱讚他，他的名聲越來越大。倉頡自傲了起來，什麼人也瞧不起，造的字也馬虎起來，他管的事情開始出錯了。

這個情況傳到黃帝耳朵裡，黃帝很生氣，他眼裡容不得一個臣子變壞。怎麼才能讓倉頡意識到自己的錯誤呢？黃帝召來了身邊最年長的老人商量。這老人長長的鬍子上打了一百二十多個結，表示他已是一百二十多歲的人了。老人沉吟了一會，獨自去找倉頡了。

倉頡正在教各個部落的人識字，老人默默地坐在最後，和別人一樣認真地聽著。倉頡講完，別人都散去了，唯獨這老人不走，還坐在老地方，倉頡有點好奇，上前問他為什麼不走。

老人說：「倉頡啊，你造的字已經家喻戶曉，但我人老眼花，有幾個字至今還糊塗著呢，你肯不肯再教教我？」倉頡看這麼大年紀的老人，都這樣尊重他，很高興，催他快說。

老人說：「你造的『馬』字，『驢』字，『騾』字，都有四條腿吧？而牛也有四條腿，你造出來的『牛』字怎麼沒有四條腿，只剩下一條尾巴呢？」

倉頡一聽，心裡有點慌了：自己原先造「魚」字時，是寫成「牛」樣的，造「牛」字時，是寫成「魚」樣的，都怪自己粗心大意，竟然教顛倒了。

老人接著又說：「你造的『重』字，是說有千里之遠，應該念出遠門的『出』字，而你卻教人念成重量的『重』字。反過來，兩座山合在一起的『出』字，本該為重量的『重』字，你倒教成了出遠門的『出』字。這幾個字真叫我難以琢磨，只好來請教你了。」

這時倉頡羞得無地自容，深知自己因為驕傲鑄成了大錯。這些字已經教給各個部落，傳遍了天下，改都改不了。他連忙跪下，痛哭流涕地表示懺悔。

老人拉著倉頡的手，誠摯地說：「倉頡啊，你創造了字，使我們老一代的經驗能記錄下來，傳承下去，你做了件大好事，世世代代的人都會記住你的。你可不能驕傲自大啊！」

從此以後，倉頡每造一個字，總要將字義反覆推敲，還常拿去徵求人們的意見，一點也不敢粗心，大家都說好，才定下來，然後逐漸傳到每個部落去。

17 涿鹿大戰

傳說黃帝打敗炎帝之後，許多諸侯都想擁戴他當天子。可是炎帝的子孫不甘心向黃帝稱臣，於是先後起來為炎帝報仇，前赴後繼，不肯罷休。其中最著名的就是蚩尤討伐黃帝了。

蚩尤姓姜，是炎帝的孫子。據說，蚩尤生性非常殘暴好戰，肆虐人民，長相凶殘，像個怪物。他人身牛蹄子，有四隻眼睛，六隻手，耳朵後面的鬢髮向上豎起，顯得更加凶殘。他有八十一個兄弟，都是能說人話的野獸，一個個銅頭鐵額，用石頭鐵塊當飯吃。

蚩尤原來臣屬於黃帝，可是炎帝戰敗後，蚩尤在盧山腳下發現了銅礦，他們把這些銅製成了劍、矛、戟、盾等兵器，軍威大振，不甘心再給黃帝當臣子，便起了

野心要為炎帝報仇。蚩尤聯合了風伯、雨師和夸父部族的人，氣勢洶洶地來向黃帝挑戰。

黃帝生性愛民，不想戰伐，一直想勸蚩尤休戰。可是蚩尤不聽勸告，屢次侵犯，他騷擾村民，燒殺搶掠，無惡不作，他還煽動大家反抗黃帝，但因為大家都對黃帝的愛民政策非常支持，都不願意，於是蚩尤就想盡辦法折磨大家。

黃帝迫不得已，歎息道：「我若失去了天下，蚩尤掌管了天下，我的臣民就要受苦了。我若姑息蚩尤，那就是養虎為患了。現在他不行仁義，一味侵犯，我只有懲罰不義！」於是黃帝親自帶兵出征，與蚩尤對陣。

黃帝先派大將應龍出戰。應龍長著兩隻翅膀，能飛，能從口中噴水，它一上陣，就飛上天空，居高臨下地向蚩尤陣中噴水。剎那間，大水洶湧，波濤直向蚩尤衝去。蚩尤忙命風伯雨師上陣。風伯和雨師，一個刮起滿天狂風，一個把應龍噴的水收集起來，反過來兩人又施出神威，颳風下雨，把狂風暴雨向黃帝陣中打去。應龍只會噴水，不會收水，結果，黃帝大敗而歸。

不久，黃帝重整軍隊，重振軍威，再次與蚩尤對陣。黃帝一馬當先，領兵衝入蚩尤陣中。蚩尤這次施展法術，噴煙吐霧，把黃帝和他的軍隊團團罩住。黃帝的

軍隊辨不清方向，看不清敵人，被圍困在煙霧中，殺不出重圍，整整三天，黃帝的軍隊在大霧中打轉，而且還受到蚩尤部隊的攻擊，黃帝損失慘重，這時候軍心大亂。

就在這危急關頭，黃帝靈機一動，猛然抬頭看到了天上的北斗星，斗柄轉動而斗頭始終不動，他便根據這個原理發明了指南車，認定了一個方向，無論部隊走到哪裡，只要認定一個方向，就不怕迷路。黃帝這才帶領軍隊衝出了重圍。

這樣，黃帝和蚩尤一來二去打了三年，大大小小打了七十一仗，結果是黃帝勝少敗多，黃帝的部隊越來越沒有勇氣去跟蚩尤對陣，黃帝心中非常焦慮不安。

上天的神靈對黃帝都非常支持，眼看著黃帝就要被打敗了，他們就想辦法幫助黃帝。這一天，黃帝苦苦思索打敗蚩尤的方法，不知不覺昏然睡去，夢見九天玄女交給他一部兵書，說：「帶回去把兵符熟記在心，功必克，戰必勝！」說罷飄然而去。

黃帝醒後，發現手中果真有一本《陽符經》，打開一看，只見上面畫著幾個象形文字「天一在前，太乙在後。」黃帝頓然悟解，於是按照玄女兵法設九陣，置八門，陣內佈置三奇六儀，制陰陽二遁，演習變化，成為一千八百陣，名叫「天一遁甲」陣。黃帝跟部下苦苦研

究，部隊經常演練直到熟悉，重新率兵與蚩尤決戰。

　　為了振奮軍威，黃帝決定用軍鼓來鼓舞士氣，他打聽到東海中有一座流波山，山上住著一頭猛獸，叫「夔」，它吼叫的聲音就像打雷一樣。黃帝派人把夔捉來，把它的皮剝下來做成鼓面，聲音震天響。

　　黃帝又派人將雷澤中的雷獸捉來，從它身上抽出一根最大的骨頭當鼓槌，傳說這夔牛鼓一敲，能震響五百里，連敲幾下，能連震三千八百里。黃帝又用牛皮做了八十面鼓，使得軍威大振。為了徹底打敗蚩尤，黃帝特意召來女兒女魃助戰。女魃是個旱神，專會收雲息雨，平時住在遙遠的崑崙山上。

　　黃帝布好陣容，再次跟蚩尤決戰。蚩尤憑著以前的勝利，對黃帝口出狂言：「這次就把你軒轅老兒送回老家。」蚩尤的部下也跟著放聲大笑。而黃帝的軍隊軍容整齊，毫無懼意。

　　兩軍對陣，黃帝下令擂起戰鼓，那八十面牛皮鼓和夔牛皮鼓一響，聲音震天動地。黃帝的兵聽到鼓聲勇氣倍增；蚩尤的兵聽見鼓聲喪魂失魄。蚩尤看見自己要敗，便和他的八十一個兄弟施起神威，凶悍勇猛地殺上前來，兩軍殺在一起，直殺得山搖地動，日抖星墜，難解難分。

　　黃帝見蚩尤確實不好對付，就令應龍噴水。應龍張開巨口，江河般的水流從上至下噴射而出，蚩尤沒有防備，被沖了個人仰馬翻。他也急令風伯雨師掀起狂風暴雨向黃帝陣中打去，只見地面上洪水暴漲，波浪滔天，情況很緊急。這時，女魃上陣了，她施起神威，剎那間從她身上放射出滾滾的熱浪，她走到哪裡，哪裡就風停雨消，烈日當頭。風伯和雨師無計可施，慌忙敗走了。黃帝率軍追上前去，大殺一陣，蚩尤大敗而逃。

　　蚩尤的頭跟銅鑄的一樣硬，以鐵石為飯，還能在空中飛行，在懸崖峭壁上如走平地，黃帝怎麼也捉不住他。追到冀州中部時，黃帝靈感突現，命人把夔牛皮鼓使勁連擂九下，這一下，蚩尤頓時魂喪魄散，無法行走，被黃帝捉住了。

　　黃帝命人給蚩尤戴上枷栲，把他殺了。但怕他死後還作怪，便把他的身和首埋在了兩個地方。蚩尤死之後，他身上的枷栲才被取下來拋擲在荒山上，變成了一片楓樹林，那每一片楓葉，都是蚩尤枷栲上的斑斑血跡。

　　黃帝打敗蚩尤後，諸侯都尊奉他為天子，這就是軒轅（黃帝的名字）黃帝。軒轅黃帝帶領百姓，開墾農田，定居中原，奠定了華夏民族的根。

18 冀州之戰

　　蚩尤在跟黃帝的涿鹿大戰中一敗塗地，狼狽逃竄。蚩尤和夸父逃脫後，他們手下的八十一個小頭目中有二十一個被俘，其中有兩個俘虜，一個叫蠻角，另一個叫利石，一直不服，總想逃脫。

　　一天，軒轅正在教場坪練兵，他倆乘士兵們都在專心操練，就乘機逃跑，剛跑出教場，就被應龍發現。蠻角和利石見應龍追來，知道一時逃不出去，看看周圍沒有別人，兩人就想把應龍殺死，於是，回頭就和應龍交戰。蠻角以為他們兩人一定能夠打敗應龍，豈不知應龍原是軒轅手下一員猛將，武功超人，只經三個回合，蠻角和利石就被應龍打翻在地。應龍舉起石斧，正要砍殺，卻被正在操練士兵的軒轅看見，軒轅一面喊：「斧

下留人！」一面趕來，叫蠻角和利石從地上站起來。

這時，正在教場練兵的人們也都圍上來，大家都對他們恨之入骨，一個勁兒地喊：「殺了這兩個傢伙，為咱們兄弟報仇！」

軒轅擺了擺手，又命應龍、大鴻兩人，把所有俘虜都召集到教場上來。軒轅對這些俘虜心情沉重地說：「我軒轅和炎帝原是同母所生的異父兄弟，當年炎帝輕信別人的挑撥，一心要和我爭奪天下，結果發生了戰爭，他被打敗後，逃往南方，再也不回來了。如今蚩尤一心要替炎帝報仇，到處搶劫，濫殺無辜，弄得天下不安，你們回去告訴蚩尤：天地廣闊，四海共存，天下生靈們是無辜的，不要搶奪別人，更不能隨便殺人。我們都應該以禮相待，和平共存，你搶我殺，對誰也沒有好處。我決定將你們全部放回，一個也不殺。」

軒轅說罷，命嫘祖、嫫母、方雷氏，把早已準備好的乾肉、乾魚等食物，分發給所有俘虜，供他們在路途上食用。又命蠻角和利石兩人負責把全部傷病俘虜帶回去。

一開始人們都對軒轅這種做法很不理解，認為軒轅心腸太軟，覺得不殺幾個蚩尤的人，實在解不了心頭之恨。軒轅埋解大家的心情，再三向他的部下解釋說：

「千錯萬錯，錯在頭人，千罪萬罪，罪在蚩尤身上，他的部下是無罪的。」人們聽軒轅這麼一說，覺得很有道理，也就沒有什麼怨言了。

蚩尤和夸父見軒轅將被俘人員全部放了回來，大吃一驚。蠻角和利石一再對蚩尤講軒轅如何仁義，如何寬宏大量，不隨意殺人，不欺壓部下等等。蚩尤聽著聽著就不耐煩了，沒等他倆說完，就怒氣沖沖地一腳踢開蠻角，一斧砍死利石。可憐的利石，被俘時沒有被殺，回來後反被蚩尤殺害。

這時，蚩尤瞪著充滿血絲的雙眼，罵道：「該死的東西，受了軒轅的教化，還有臉回來見我！」其餘的被俘人員，一看蚩尤心狠手毒，隨便殺人，不由得心驚膽顫，暗暗流淚。

蚩尤又命夸父把軒轅放回來的所有被俘人員，全部押解到冀州修築城池，不許他們和其他人接觸，更不許和親人見面。詭計多端的蚩尤，反過來又以謠言惑眾，說軒轅如何殘酷地殺害被俘人員，如何用活人「點天燈」等等。他要求部下牢記這筆「血債」，加緊練武，準備復仇。

不甘心失敗的蚩尤，將部落裡的人員動員起來，利用他們發現的金石（即礦石）日夜冶煉銅鐵，製造各種

兵器；還把平時搶來的財物和食物，全部集中在冀州城，並加緊修築城池，準備和軒轅在這裡決一死戰。

深夜，冀州城內冶煉銅鐵的土地上，火光沖天。蠻角獨自一人坐在礦石堆裡，想起妻子群女被蚩尤殘殺的悲慘情景，不由得失聲痛哭。原來蠻角從被軒轅放回後，又被夸父押解到冀州煉銅鐵，始終沒有和妻子見面。時間一長，群女打聽出蠻角並沒有被軒轅殺害，而是放回後又被押解去煉銅鐵，便滿懷希望地前來冀州看望丈夫。

不料，在工地上碰上正在巡夜的蚩尤。這個老色鬼，見群女長得體態豐滿，白裡透紅，十分美貌，便二話不說，伸出胳膊把群女攬在懷裡。群女不認識蚩尤，一面抗拒掙扎，一面喊蠻角快來救她。

蚩尤聽她喊叫蠻角，知她便是蠻角的妻子，剛一鬆手，群女就狠狠地打了他一記耳光。蚩尤惱羞成怒，雙手舉起群女，扔下深溝。

等蠻角趕來，群女早已慘死在血泊之中了⋯⋯想到這裡，蠻角把捏在手中的一塊石頭，狠狠扔了出去，趁著天黑人靜，投奔了軒轅。

軒轅和他的眾臣聽完蠻角的苦難遭遇，個個怒火滿腔。他們根據蠻角提供的情報，認為攻打冀州，只能智

取，不能硬拚。商議了三天三夜，決定在九月九日，奪取冀州。

蚩尤發現蠻角失蹤後，知道凶多吉少，便和夸父商議，把駐紮在冀州城內的軍隊，挪出一半交由夸父率領，悄悄撤出城外，埋伏在涿鹿之野，以防萬一。城內留下的軍隊，加緊冶煉銅鐵，死守冀州。

九月九日是重陽。這一天，秋高氣爽，萬里無雲。蚩尤最怕晴天，清早一起來就爬上冀州城牆觀察動向，他從東到西，從南到北，細細查看，沒有發現任何異常現象。當他正準備下城的時候，突然聽到城外遠處一片呼救聲。

蚩尤回頭一看，見一群披頭散髮的女人，手提肩背著東西，邊跑邊喊：「救命呀！軒轅軍隊搶人啦！」

蚩尤再朝遠處一看，確實有幾十名軒轅部下的人，在後面追趕，因為蚩尤特別好色，他立即命令守城門的部下把城門打開，讓這群逃命的女人進城，又命城上的軍隊，立即舉弓射箭，擋住軒轅軍隊的追趕。

這群逃命的女人一進城門，突然一下子全成了勇猛的士兵，原來他們是男扮女裝的軒轅軍隊。他們手執石斧，猛殺猛砍，把守城門的蚩尤士兵一個個砍翻在地。夜間偷偷埋伏在冀州城外的軒轅軍隊，聽見牛角號聲，

知道城門已開，便從草叢中、樹林裡一躍而出，衝進冀州城。蚩尤一看，知道中計，來不及抵抗，便迅速率領殘軍從北門逃跑。

軒轅和蚩尤以前在冀州雖然已打過十多次仗，但都未能取勝，今天只用了一個早上，就大破冀州。大破冀州以後，徹底結束了蚩尤的叛亂，黃帝統一了天下，成為華夏第一個統一天下的帝王。

19 勇除三頭怪

很早以前，裕固族人（中國北方的一個少數民族）沒有火。後來，一位英雄不知從什麼地方取來了一個火

種，裕固族人才過著可以取暖、可以食熟肉的生活。

　　為了不讓火種熄掉，不用火的時候，他們就撿來一塊很大很大的牛糞燒著了埋在灰中，等到下次用火的時候，就把牛糞拿出來當作火種。

　　據說，如果把火熄滅了，除了到一個妖精那裡去求火，否則就別無他法了。而那個妖精則是凶暴殘忍，專門靠吃人肉、喝人血來過活。

　　當時有一對新婚夫婦，男人到很遠的地方去打獵了，要過好多天才能回來。他離家之前，再三叮嚀自己心愛的妻子應該怎樣看家，怎樣做飯，怎麼提防妖怪等等，可是他，唯獨忘記了交代要如何看好火種。

　　妻子因為丈夫外出，自己一個人待在家中，感到格外的孤獨與寂寞，心中很是焦躁煩悶，這一天，她早早地做了一些飯，草草地吃下肚裡，還沒到天黑，就躺到床上去睡覺了。

　　第二天起來做早飯的時候，她發現灶膛裡的火早已熄滅了，連一丁點兒火星也沒有了。她焦急萬分，因為火對於他們的生活來講是非常重要的。沒有了火種，她只好湊合著吃了點肉乾。

　　到了傍晚，她突然看到南山坡上冒出了一股青煙，這使她十分高興，心想那裡一定有火種，就急急忙忙朝

著冒煙的地方跑去。

　　她跑呀跑呀，離家已經很遠很遠，天漸漸黑下來了，夜也越來越深但找火種的念頭使她不顧一切，終於，她來到了南山坡上。只見這裡有一頂帳房，裡面閃爍著火光。她興沖沖地跑了進去，一看，帳房裡面坐著一位白髮蒼蒼的老奶奶，她正在烤肉吃呢！旁邊還臥著一隻小花狗。

　　白髮老奶奶看到跑進來了一位漂亮的年輕女子，顯得格外高興，便親暱地問她說：「孩子啊，天都已經這麼晚了，你怎麼獨身一個人跑到這兒來了呢？你是從什麼地方來的，到我這裡有什麼事情嗎？」

　　新媳婦一看白髮老奶奶這樣和藹可親，便放任自己情感的宣洩，不知不覺流下了眼淚，她對老奶奶說：「老奶奶，我家男人出去打獵了，我不小心把家裡的火給熄滅了，這樣我就無法做飯，也無法取暖了。請您發發慈悲，給我一點火種吧，沒有火我可怎麼辦呢？」接著她把自己住的地方告訴了老奶奶。

　　「唉，孩子，真是難為你了，路這麼遠，這火種可不好拿呀！唔，這樣吧，你把你的袍襟撐開，我給你把火種放好。這樣你就可以將火種帶回家去了。」

　　說著，白髮老奶奶就在新媳婦的袍襟上面，先放上

一層灰，又放上一層羊糞，最後放上了一層火。接著，又在上面放上一層糞，一層火，最上面蓋上一層灰。好了，以後一定要多加謹慎，再也不能把火熄滅了。做完這一切，白髮老奶奶又一次地叮囑她。

新媳婦得到了火種非常高興，道謝告別後就繼續往回趕路，結果，一路上灑下了一條火線，回到家裡只剩下很少一點火了。但她萬萬沒有料想到，那個老奶奶竟是個三頭妖精變成的。

第二天，天剛剛黑下來，那個變做白髮老奶奶的妖精便現出了原形，它騎上它的小花狗按著新媳婦昨晚說的地方，來到了新媳婦的家。

新媳婦看到自己家裡來了一個三頭妖精，嚇得體如篩糠，渾身發抖。妖精卻對她說：「別害怕，孩子，昨天晚上我還給你火種呢，現在你就不認識我了嗎？快把你的頭伸過來讓我看一看。」

新媳婦剛把頭伸過去，妖精就一錐子刺入她的前額，用木碗接了半碗血，喝完以後又說：「唔，你如果聽我的話，我就饒你不死。把你的腳伸過來讓我看看。」新媳婦膽怯地把腳伸過去，妖精又一錐子扎進了她的腳心，用木碗接了半碗血，餵了它的小花狗。

但是，這還沒完，妖精接著又對新媳婦說：「唔，

很好，你真聽話。你看我的小花狗也望著你樂呢，它知道你的血非常好喝，那好，你再把那隻腳伸過來吧？」

　　新媳婦強忍著劇痛，再也不敢伸出那隻腳，但此時妖精凶相畢露了，它惡狠狠地對新媳婦說：「你不聽我的話，我就要你的命。」

　　新媳婦一聽，嚇得魂不附體，馬上把那隻腳也伸了過去，妖精又是一錐子，接了半碗血，潑在地上。然後一句話也沒有說，騎上小花狗滿意地走了。

　　以後一連幾天三頭妖精都來喝新媳婦的血，新媳婦一天比一天瘦。過了些日子，獵人終於打獵回來了，一看嬌俏美麗的妻子幾天之間竟變得骨瘦如柴，形容憔悴得沒有了人樣，非常奇怪，便問妻子發生了什麼事情。

　　新媳婦由於害怕妖精，不敢向丈夫說。在丈夫的再三追問下，新媳婦才把自己怎樣失去了火種，怎樣去找火，又怎樣被妖精吸血的事，詳詳細細地和丈夫說了一遍。丈夫聽罷，憤恨不已，下決心要除掉這個喝人血的妖精。

　　一天，男人裝做出去打獵了，但沒走多遠便偷偷地躲藏了起來，要看看那個妖精到底是什麼模樣。

　　妖精看到新媳婦的男人離家出去了，便迫不及待地騎著小花狗來了。一進門，妖精就齜牙咧嘴地對新媳婦

說：「聽說你男人回來了，現在馬上讓我喝血，喝完我立刻就走。」

它的話音未落，新媳婦的男人已悄悄地回來了，於是一箭射掉了妖精中間的那個頭。妖精疼痛難忍，慘叫一聲，帶著其餘的兩個頭逃走了。

沒過多久，妖精又騎著它的小花狗，帶著弓和箭，要報上次的一箭之仇，想將新媳婦的丈夫置於死地。這時新媳婦的丈夫早就做好了準備，他還沒等妖精拉開弓，就突然射出了一箭，這一箭又射中了妖精的另一個頭。可是，就在這時，妖精的箭幾乎與他同時也射了出來，射中了他的肩膀。

新媳婦的丈夫忍著疼痛，又射出一箭，妖精的第三個頭又被射掉了。妖精三頭盡失，倒地而亡。受了重傷的丈夫也隨即倒在地上死去了。

刑天舞干戚

　　據說刑天原是一個無名的巨人，因為不滿黃帝奪取了炎帝的帝位而去跟黃帝戰鬥，被黃帝砍掉了腦袋，這才叫刑天。天就是天帝，「刑天」就表示誓戮天帝以復仇。

　　當炎帝還在位統治世界的時候，刑天是炎帝手下的一位臣子，專管樂工，為炎帝譜曲，歌頌炎帝的功德。他生平酷愛音樂，曾為炎帝作樂曲《扶犁》，作詩歌《豐收》，總名稱為《卜謀》，以歌頌當時人民幸福快樂的生活。因為這些樂曲，他得到了炎帝的信任而成了炎帝的親近臣子。

　　後來炎帝被黃帝打敗，失去了國家，被迫離開自己的故土，屈居到南方做了一個傀儡小國的天帝，雖然炎

帝忍氣吞聲，不敢和黃帝抗爭，但他的子孫和手下卻不服氣。先有蚩尤舉兵反抗黃帝，跟黃帝進行「涿鹿大戰」。

蚩尤反抗黃帝的時候，刑天也曾想去參加這場戰爭，但是炎帝拉著他的手告訴他：「蚩尤反抗了，離開了我，如果你也走了，那誰來給我譜曲，我的身邊沒有貼身近臣，會有多寂寞呀！」刑天看著炎帝因為煩惱而日漸變白的頭髮和無助的眼神，他動搖了，最後決定留在炎帝身邊。

蚩尤和黃帝一戰失敗，蚩尤被殺死，炎帝整個部落都陷入悲憤之中。刑天再也按捺不住他那顆憤怒的心，他覺得自己不能任黃帝侵佔自己的家鄉，殺害自己的兄弟，於是就帶著武器，偷偷地離開南方天廷，逕直奔向黃帝所在的中央天廷，去向黃帝報仇。

經過長途跋涉，繞過炎帝設下的重重關卡，終於來到了常羊山（炎帝部落的故鄉，也是刑天的故鄉），他望著面目全非的故鄉，想著他的兄弟姐妹們在這兒生活時的快樂景象，想著他的父母們曾在這兒耕作，撫養他們長大，曾經一切的和諧景象彷彿就發生在昨天，曾經的歡聲笑語彷彿還縈繞在耳邊，但看看眼前的一切，物是人非，曾經的家鄉變成了別人的宮殿，他的心中有說

不出的惱怒。這一切的罪魁禍首——黃帝，就在常羊山的旁邊。他邁開大步，怒氣沖沖地衝向黃帝的宮殿。

刑天左手握著長方形的盾牌，右手拿著一柄閃光的大斧，一路過關斬將，砍開重重天門，直殺到黃帝的宮前。黃帝正帶領眾大臣在宮中觀賞仙女們的輕歌曼舞，猛見刑天揮舞盾斧殺將過來，正在舞蹈的仙女們頓時花容失色，紛紛跑向旁邊尋求躲避，大臣們則紛紛起身，大殿上頓時亂成一團，黃帝的雅興被打擾得消失無蹤。黃帝頓時大怒，拿起隨身寶劍就和刑天搏鬥起來。兩人劍刺斧劈，刀光劍影，從宮內殺到宮外，從天庭殺到凡間，直殺到常羊山旁。

常羊山是炎帝誕生的地方，也是刑天的故鄉。往北不遠，便是黃帝誕生地軒轅國，軒轅國的人個個人臉蛇身，尾巴纏繞在頭頂上。

兩個仇人都回到了自己的故土，都想守衛自己的故土不被外人褻瀆，因而兩人都使出渾身解數，頓時他們打鬥的地方塵土飛揚，天混地暗，飛起的塵土遮天蔽日，戰鬥進行的格外激烈。

刑天想：世界本是炎帝的，我們原來在炎帝的帶領下在家鄉生活的很幸福，現在被你黃帝竊取了，你霸佔了炎帝的皇位，侵犯了我們的故土，殺害了我們無數的

兄弟姐妹，你使得我們妻離子散，奔走他鄉，你使得我們遠離故土，成了亡國奴！我一定要為我們的炎帝報仇，為我死在你的劍下的兄弟姐妹們報仇，我要你用鮮血償還你欠我們的血債，我一定要殺死你。

而黃帝想：我攻佔你們是因為你們的炎帝懦弱無能，你們的炎帝本就沒有能力統治世界，他本來就是個無能的傀儡，在他的統治下，我們的部族常常受苦受難，我有多少兄弟姐妹死在他面前，求他救救我們，而他卻視若無睹，只管你們吃喝玩樂。是他的無能讓天下人民受苦，是他沒有能力來統治天下生靈。現在在我的帶領下普天之下邦安民樂，我軒轅子孫昌盛，豈容你們傀儡小國前來進犯。

由於兩人都想要守護自己的故土，於是各人都使出渾身力量，恨不得能將對方一下殺死。

但黃帝到底是久經沙場的老將，又有九天玄女傳授的兵法，便比刑天多些心眼，看出破綻，一劍向刑天的脖子砍去，只聽「卡嚓」一聲，刑天的那顆像小山一樣的巨大頭顱，便從脖子上滾落下來，落在常羊山腳下。

刑天一摸脖子上沒有了頭顱，頓時驚慌起來，忙把斧頭移到握盾的左手，伸出右手在地上亂摸亂抓。他要

尋找到他那顆不屈的頭顱，裝在脖子上再和黃帝大戰一番。他摸呀摸呀，周圍的大小山谷都被他摸遍了，參天的大樹，突出的岩石，在他右手的觸摸下，都折斷了，崩塌了，但還是沒有找到那顆頭顱。他只顧向遠處摸去，卻沒想到頭顱就在離他不遠的山腳下。

黃帝怕刑天真的摸到頭顱，恢復原身又來和他作對，連忙舉起手中的寶劍向常羊山用力一劈，隨著「轟隆隆」「嘩啦啦」的巨響，常羊山被劈為兩半，刑天的巨大頭顱骨碌碌地落入山中，兩山又合而為一，把刑天的頭顱深深地埋葬起來。

刑天聽到這異樣的聲響，感覺到周圍異樣的變動，因而停止了摸索頭顱。他知道狠毒的黃帝已把他的頭顱埋葬了，他將永遠身首異處。

他呆呆地立在那裡，就像是一座黑沉沉的大山。想像著黃帝那洋洋得意的樣子，想像著自己的心願未能達成，他憤怒極了。他不甘心就這樣敗在黃帝手下。突然，他一隻手拿著盾牌，一隻手舉起大斧，往天空亂劈亂舞，繼續和眼前看不見的敵人拚死搏鬥起來。

這種景像是多麼慘烈呀！失去頭顱的刑天，赤裸著他的上身，像是把他的兩乳當作眼，把他的肚臍當作口，他的身軀就是他的頭顱。那兩乳的「眼」似在噴射

出憤怒的火焰，那圓圓的臍上，似在發出仇恨的咒罵，那身軀的頭顱如山一樣堅實穩固，那兩手拿著的斧和盾，用力的向著黃帝揮舞。

看著無頭刑天還在憤怒地揮舞盾斧，黃帝心裡一陣顫慄，不由自主地害怕起來。他被刑天的精神鎮住了，他不敢再對刑天下毒手，便悄悄地溜回天庭去了。

那斷頭的刑天，至今還在常羊山的附近，揮舞著手裡的武器呢！

幾千年後，晉朝的大詩人陶淵明在《讀山海經》中寫詩讚頌說：「精衛銜微木，將以填滄海。刑天舞干戚，猛志固常在。同物既無類，化去不復悔。徒設在昔心，良辰詎可待！」讚揚刑天雖然失敗，仍然戰鬥不已的精神。後來，刑天成為勇猛將士的象徵，各朝各代之中，更是被比喻作戰鬥之神。

　　嫘祖傳說是西陵之女，與黃帝從小青梅竹馬。她生來聰明伶俐，人稱天女神童。童年遇事多思，善聽精問。少年多才廣智，心靈手巧。她成年廣為關注人間生活，志強多謀。黃帝戰勝蚩尤後，建立了部落聯盟，黃帝被推選為部落聯盟首領，然後娶嫘祖為妻。

　　黃帝統一天下後，就帶領大家發展生產，種五穀，馴養動物，冶煉銅鐵，製造生產工具；而做衣冠的事，就交給正妃嫘祖了。在做衣冠的過程中，嫘祖和黃帝手下的另外三個人作了具體分工：胡巢負責做冕（帽子）；伯余負責做衣服；於則負責做履（鞋）；而嫘祖則負責提供原料。

　　為了尋找做衣服的原料，她經常親自帶領婦女上山

剝樹皮，織麻網，她們還把男人們獵獲的各種野獸的皮毛剝下來，進行加工。沒有多久，各部落的大小首領都穿上了衣服和鞋，戴上了帽子。而嫘祖卻因為勞累過度而病倒了。她不想吃飯，一日比一日消瘦。

周圍的男男女女，人人焦急萬分，個個坐臥不安。守護在嫘祖身邊的幾個女子，想了各種辦法，做了好多嫘祖平時愛吃的東西，誰知嫘祖一看，總是搖搖頭，一點也不想吃。這時黃帝看到妻子累病了，也很著急，也無心耕種了。百官看到黃帝的樣子，大家決定想辦法治好嫘祖的病。

有一天，這幾個女人悄悄商量，決定上山摘些野果回來給嫘祖吃。她們一早就進山，摘了許多果子，可是用口一嘗，不是澀的，便是酸的，都不可口。直到天快黑了，突然在一片桑樹林裡發現滿樹結著白色的小果，她們以為找到了奇特的鮮果，就忙著去摘，誰也沒顧得嘗一小口。

等各人把筐子摘滿後，天已漸漸黑了。她們怕山上有野獸，就匆匆忙忙下山。回來後，這些女子嘗了嘗白色小果，沒有什麼味道；又用牙咬了咬，怎麼也咬不爛。大家你看我，我看你，誰也不知道這是什麼果子。

這些女子因為太晚就各自回家了，採來的白色小果

就放在嫘祖的屋子裡。嫘祖睡醒後，看見這些白色小果很可愛，就想到要做點湯給自己的丈夫喝。

嫘祖把摘回的白色小果都倒進鍋裡，加上水用火煮起來。煮了好長時間，她拿起一根木棍，插進鍋裡攪了攪，攪了一陣子，把木棒往外一拉，木棒上纏著很多像頭髮絲細的白線。這是怎麼回事？嫘祖感到很奇怪，就繼續邊攪邊纏，不一會兒功夫，煮在鍋裡的白色小果全部變成雪白的細絲線，看上去晶瑩奪目，柔軟異常。嫘祖突然覺得，如果用這種絲線曬乾了織成布做出來的衣服穿在身上肯定很舒服。

嫘祖是個急性子，一想到馬上就行動。她用這種絲線編織了一小塊布，放在手裡又軟又滑。她馬上就去問這些摘果子的女子們從哪兒弄的這些果子。這些女子告訴她白色小果是從什麼山上、什麼樹上摘的。然後她高興地對周圍女子說：「這不是果子，不能吃，但卻有大用處。你們為黃帝立下一個大功。」

說也奇怪，嫘祖自從看了這白色絲線後，天天都提起這件事，病情也一天比一天減輕，開始想吃東西了。不久，她的病就全好了。

她不顧黃帝勸阻，親自帶領婦女上山要看個究竟，嫘祖在桑樹林裡觀察了好幾天，才弄清這種白色小果，

是一種由蟲子口中吐出的細絲繞織而成的，並非樹上的果子。她回來就把此事報告黃帝，並要求黃帝下令保護橋國山上所有的桑樹林，黃帝同意了。

從這以後，嫘祖把這種蟲子帶回來開始養殖，漸漸的形成了一定的規模。她又教大家用這種線紡布。

從此，在嫘祖的倡導下，開始了栽桑養蠶的歷史。後世人為了紀念嫘祖這一功績，就將她尊稱為「先蠶娘娘」。

22 杜康釀酒

黃帝打敗蚩尤統一天下之後，建立屬於自己的部落，開始耕地種糧食。黃帝命杜康管理生產糧食，杜康

很負責任。

　　由於土地肥沃，風調雨順，連年豐收，糧食越積越多，那時候由於沒有倉庫，更沒有先進的保存方法，杜康就把豐收的糧食堆在山洞裡，派人日夜看守，防止有人偷糧食。誰知時間一長，因山洞裡潮濕，糧食全發霉壞了，大家吃了之後都生病了。

　　看到山洞裡的糧食都變了樣子，大家就懷疑因為杜康管理不善，被人把糧食掉包了。黃帝知道這件事，非常生氣，下令把杜康撤職，只讓他當糧食保管，並且說，以後如果糧食還被偷盜，就要處死杜康。

　　杜康由一個負責管糧食生產的大臣，一下子降為糧食保管，他心裡感到很冤屈，但又說不出理由。他知道糧食一定沒有被偷盜，一定是一些原因讓糧食變質了，他下定決心一定要找到糧食變質的真相。但他又想到嫘祖、風后、倉頡等臣，都有所發明創造，立下大功，唯獨自己沒有什麼功勞，還犯了罪。想到這裡，他的怒氣全消了，並且暗自下決心：非把糧食保管這件事做好不可。

　　有一天，杜康在森林裡發現了一片廣闊的土地，周圍有幾棵大樹枯死了，只剩下粗大的樹幹，樹幹裡邊已空了。杜康靈機一動，他想，如果把糧食裝在樹洞裡，

也許就不會壞了。於是，他把樹林裡凡是枯死的大樹，都一一進行了掏空處理。沒幾天，就把打下的糧食全部裝進樹洞裡了。

誰知，兩年以後，裝在樹洞裡的糧食，沒有減少，但經過風吹、日曬、雨淋，慢慢地發酵了。一天，杜康上山查看糧食時，突然發現一棵裝有糧食的枯樹周圍躺著幾隻山羊、野豬和兔子。一開始他以為這些野獸都是死的，走近一看，卻發現它們還活著，而且似乎都在睡大覺。

杜康一時弄不清是啥原因，還在納悶，一頭野豬醒了過來，它一見有人來了，馬上竄進樹林去了。緊接著，山羊、兔子也一隻隻的醒來逃走了。

杜康上山時沒帶弓箭，所以也沒有追趕。他正準備往回走，又發現兩隻山羊在裝著糧食的樹洞跟前低頭用舌頭舔著什麼。杜康連忙躲到一棵大樹背後觀察，只見兩隻山羊舔了一會兒，就搖搖晃晃起來，走了不遠就躺倒在地上了。

杜康飛快地跑過去把兩隻山羊捆起來，然後才詳細察看山羊剛才用舌頭在樹洞上舔什麼。不看則罷，一看可把杜康嚇了一跳。原來裝糧食的樹洞，已裂開一條縫，裡面的水不斷往外滲出，山羊、野豬和兔子就是舔

了這種水才倒在地上的。杜康用鼻子聞了一下，滲出來的水特別清香，自己不由得也嘗了一口，味道雖然有些辛辣，但卻特別醇美。他越嘗越想嘗，最後一連喝了幾口。這一喝不打緊，霎時，只覺得天旋地轉，剛向前走了兩步，便身不由主地倒在地上昏昏沉沉地睡著了。不知過了多長時間，當他醒來時，只見原來捆綁的兩隻山羊已有一隻跑掉了，另一隻正在掙扎。他翻起身來，只覺得精神飽滿，渾身是勁，一不小心，就把正在掙扎的那隻山羊踩死了。他順手摘下腰間的尖底罐，將樹洞裡滲出來的這種味道濃香的水盛了半罐。

回來後，杜康把看到的情況，向其他保管糧食的人講了一遍，又把帶回來的味道濃香的水讓大家品嘗，大家都覺得很奇怪。有人建議把此事趕快向黃帝報告，有的人卻不同意，理由是杜康過去把糧食霉壞了，被降了職，現在又把糧食裝進樹洞裡，變成了水，黃帝如果知道了，不殺他的頭，也會把杜康打個半死。杜康聽後卻不慌不忙地對大伙說：「事到如今，不論是好是壞，都不能瞞著黃帝。」說著，他提起尖底罐便去找黃帝了。

黃帝聽完杜康的報告，又仔細品嘗了他帶來的味道濃香的水，知道曾經冤枉了杜康，就立刻與大臣們商議此事。大臣們一致認為這是糧食中的的一種元氣，並非

毒水。黃帝沒有責備杜康，命他繼續觀察，仔細琢磨其中的道理。又命倉頡給這種香味很濃的水取個名字。倉頡隨口道：「此水味香而醇，飲而得神。」說完便造了一個「酒」字。黃帝和大臣們都認為這個名字取得好。

從這以後，中國遠古時候的釀酒事業開始出現了。後世人為了紀念杜康，便將他尊為釀酒始祖。

23 彭祖的傳說

彭祖在中國的神話傳說中是以長壽著稱的。但是彭祖是如何死的卻還有一段有趣的傳說。據說彭祖剛出生的時候，腦袋小得像蒜槌，棗核臉，尖下巴，一副短命無福之相。

　　彭祖一週歲的時候，一個算命看相的道人看見彭祖對他爹說：這孩子髮黃皮瘦，不但先天不足，而且後天又失調，絕不會活過二十歲的。彭祖的爹聽了心急如焚，他老來得子，五十多歲了只有彭祖一根獨苗，怎能眼睜睜看著親生兒子不能繼承家業，而早早夭折呢？

　　彭祖的爹到處為彭祖尋求續命的方法，得知山西五台山上有位得道的高僧，叫不語禪師，此人深諳養生修行之道，是個隱居的仙人。彭祖五歲的時候，他爹就帶著彭祖千里迢迢去尋找不語禪師，想讓兒子跟不語禪師學養生長壽的方法，好能夠多福多壽，繼承彭家的香火。

　　彭祖爹帶著兒子幾經磨難，終於在五台山見到了不語禪師。不語禪師白眉毛白鬍子，一副老態龍鍾之相，臉卻像嬰兒似的光滑飽滿，兩隻眼睛炯炯有神。彭祖爹跪倒在不語禪師面前，連連磕頭。不語禪師聽完彭祖爹的請求，被他的誠心感動，又看看彭祖，覺得這孩子怪可憐的，於是動了惻隱之心，收留了彭祖。

　　不語禪師答應讓彭祖跟在他身邊當童子，專心修行。彭祖爹高興極了，連忙讓兒子磕頭拜師。彭祖爹放心地把兒子托付給了不語禪師，高高興興回了家。

再說彭祖跟隨不語禪師苦苦修行了九九八十一年，練就吐吶胎息之法，只覺身輕體健，精力充沛，一百多歲的人絲毫不顯老態。

一天，不語禪師對彭祖說道：「徒兒，你跟我修行近百年，已經得到了長壽的真諦，可以下山去了。至於你能不能成仙，就看你的悟性和毅力了。臨走之前師父有一言相告：師父叫不語禪師，並不只是因為平日不愛開口講話，這更是一種養生之道。《口開神氣散，舌動是非生》，多嘴多舌是我們修仙人的大忌，希望你切記，慎言！」彭祖一連聲地答應，撒淚拜辭了師父，一路風塵僕僕回到了家裡。

彭祖從孩童時離鄉修行，回來時已經是老人，父母早就不在人世了，家族的後輩們都不認識他，大家看他一個白鬍子老頭，要錢沒錢，要力氣沒力氣，嫌家裡來了個累贅，都懶得搭理他。彭祖在爹娘墳上大哭一場，就離開家門，四處雲遊去了。

時光如梭，又過了一百多年。閻王爺一日查看生死薄，見彭祖壽命只有十九歲，怎麼活了二百多歲，還沒來報到呢？閻王爺大怒，就派牛頭馬面兩個小鬼到人間捉拿他回來。

牛頭和馬面在人間找來找去，幾年過去了，仍找不

見彭祖的行蹤。後來他們倆打聽到彭祖跟不語禪師學成了長生之術，就回去向閻王爺稟報，說彭祖已經修練成仙了，捉拿不到。

閻王爺聽罷勃然大怒道：「胡說，如果彭祖成了仙，我怎麼會不知道？肯定是你們兩個小鬼偷懶，沒用心查找！我現在就罰你們兩個傢伙到南山去洗煤吧，什麼時候把煤洗白了，再回來見我。」

南山的煤又黑又硬，像一塊塊烏金，要想用水把黑煤洗白，除非太陽打從西邊出來。牛頭馬面不敢怠慢，只好把南山的煤塊運到溪水邊，一塊一塊的用溪水使勁的洗，像洗水果一樣洗了一遍又一遍，希望能發生奇蹟。

他們一洗就洗了一百多年，南山的煤還是黑的，倒是把他倆洗得如同黑墨一般。牛頭和馬面明白這是閻王爺故意折騰他們，但官大一級壓死人，雖知這樣洗下去必然勞而無功，他們卻絲毫不敢停下手中的工作。

一天，牛頭和馬面正在溪水邊不停地忙活，忽然看見一個紅光滿面、鶴髮童顏的老頭兒一蹦一跳走了過來。

「喂，你們兩個傢伙在幹什麼呢？」老頭兒好奇地問。

「我們在洗煤。」牛頭頭也不抬地說。

「洗煤？」老頭兒用疑惑地目光望著他倆。

「我們要把這些黑煤洗白了，去給上司交差。」牛頭指著身邊的一堆黑煤說。

「哈哈！我彭祖活了五百多歲，還沒聽說黑煤能洗白呢？你們倆都是大傻瓜呀！」老頭兒聽了，不住口地嘲笑他們。

「你是彭祖？」牛頭馬面一聽這個名字，馬上站起身來，從腰裡掏出鐵鍊子套在老頭兒頭上就走。

「幹什麼？」彭祖不滿地嚷嚷。

「見閻王去！你這老東西害得我們好苦啊，又髒又累地洗了這麼多年煤，把我倆都洗成黑鬼了，還是閻王爺高明，他未卜先知，知道在這兒洗煤肯定能抓到你，真是神機妙算！」

就這樣，彭祖因為多嘴多舌被抓回了閻王殿，就差這麼一點兒，而當不成神仙。

雙泊河的傳說

　　軒轅黃帝戰勝蚩尤之後，被推選為大家的首領，帶領大家開荒種田，定居中原。他活到一百歲那天，想到自己年老體衰，需要找個賢能之人把他的基業繼續下去。

　　他就叫來風后等老臣們一塊兒商量，說：「我們都老了，體力和精力都大不如從前，得選拔一下接替的人了。」

　　風后說：「你身邊有二十五個兒子，挑選一個好的就行了。」

　　黃帝說：「老子的功業不能代替兒子，為了百姓們安居樂業，得選拔真正有本事的人，我們得測試，得挑選。」於是，黃帝下令，公開選拔接班人，凡是天下賢能之人，都可參加。

　　測試分文試、武試和德試。文試要求被試之人能在一定時間內作文百篇。武試要求被試之人能拉巨弩，能舉巨鼎。最後再用一種辦法測試他們的德性。誰通過了這些測試，誰就能接替王位。

　　頓時，四面八方趕來測試的能人成千上萬。黃帝親自測試，可是，測來測去，人才是選到不少，可惜，文的只能文不能武，武的只能武不能文，黃帝把他們記錄下來，準備分給不同的任務。可是仍然沒有一個人能勝任王位。

　　測試了百天之後，千百人只剩下了兩個，這兩人都是黃帝的兒子，一個叫玄囂，一個叫昌意。論文，兩人不相上下；論武，一個能舉巨鼎，一個能拉開巨弩，也在伯仲之間。

　　最後，大家商量，交給黃帝測試德性，誰的德性好，誰繼承王位。

　　黃帝把玄囂和昌意叫來，取出神女曾經交給他的寶葫蘆，對兩個兄弟說：「這兩個寶葫蘆只要一打開，就能流出一股三丈寬，五丈深的水來，一直流二百里才能流乾。從嵩山北坡到東邊的潁水是三百里遠，你們每人拿一個寶葫蘆，從嵩山腳下放水，水量不准減小，看誰能讓這二百里的水流三百里那麼遠，誰就接替王位。」

玄囂和昌意都是很有心計的人，誰也不肯示弱，都暗下決心非要讓水流到穎水不可。他們二人來到嵩山腳下開始放水，但這水放開後，流二百里就不再流了，兄弟倆搖搖寶葫蘆，裡面一滴水也流不出來了。於是兄弟兩個放了再收收了再放，始終誰都不能讓寶葫蘆的水流三百里。

　　三天過去了，第四天早晨，玄囂來找昌意說：「弟弟，我想出一個妙法，一定會成功。」

　　昌意心想：「既然你想出了妙法，為什麼要說給我聽呢？」就問：「哥哥是什麼妙法呀？」

　　玄囂說：「你可記得，父親大人說過，只要掌握要領，寶葫蘆裡的水便能流三百里遠，要領還是在這寶葫蘆上。你想，這一個寶葫蘆能流二百里，兩個加一塊兒不就四百里嗎？這樣三百里足夠了。」

　　昌意一聽，恍然大悟，抱住哥哥連聲說：「妙哉，妙哉。」

　　當即，兄弟二人一塊兒上山，同時打開寶葫蘆，兩股水混到一塊兒，一直流向東邊，永不枯竭。

　　兄弟二人一塊兒去見黃帝。黃帝很高興，說：「這是要你們明白一個道理，兩股水共同流，力量要比一股水大得多。這與治國一樣，只要齊心協力，上下一致，

國家就能越來越強大。你們兄弟二人，無論誰接替王位，都要同心協力。」

兩兄弟聽了，互相謙讓。

最後，昌意說：「這是哥哥想出的辦法，他的思想勝我一籌，讓哥哥做吧，我輔助他。」於是黃帝就選了玄囂繼承王位，昌意做了副職。

25 夸父追日

話說遠古洪荒時代，在中國北部，有一座巍峨雄偉的高山，山上住著一個巨人氏族叫夸父族。夸父族人終年在山上打獵、耕種，從不下山。但他們知道山下住著

很多跟他們一樣的人類。

夸父族的首領叫做夸父，他身高無比，氣宇宣昂，力大無窮，意志堅強，氣概非凡。他帶領族人耕種，蓋房，讓族人過著舒適、安穩的生活，在族裡受到所有人的尊敬。

那時候，世界上荒涼落後，毒蛇猛獸橫行霸道，人們生活淒苦。夸父為了讓部落裡的人能夠活下去，每天都率領眾人跟洪水猛獸搏鬥。夸父常常將捉到的兇惡黃蛇掛在自己的兩隻耳朵上作為裝飾，引以為榮，並讓大家不要害怕，鼓起勇氣，跟兇猛的洪水猛獸作戰。

有一年，很久都沒有降雨，天下大旱，火一樣的太陽烤焦了地上的莊稼，曬乾了河裡的流水。這一年，莊稼顆粒無收，河水乾了，人們無法捕魚，野獸也跑到很遠很遠去找生存的地方，人們沒有吃的食物，也沒有喝的水，人們熱得難受，實在無法生活。夸父見到這種情景，心裡非常難受，就立下雄心壯志，發誓要把太陽捉住，馴服它，讓它聽從人們的吩咐。

準備好了以後，他在前一天晚上跟族人告別，並讓族人照顧自己的母親，第二天，太陽剛剛從海上升起，夸父就從東海邊上邁開大步開始了他逐日的征程。

太陽在空中飛快地轉，夸父在地上疾風一樣地追。

夸父不停地追呀追，他翻過了九千九百九十九座山，趟過了九千九百九十九條河，跑過了九千九百九十九個沙漠，跑壞了九千九百九十九雙鞋。餓了，他就摘個野果充飢；渴了，他就捧口河水解渴；累了，他就打個盹。

他心裡一直在鼓勵自己：「快了，就要追上太陽了，人們的苦難快要結束了，幸福的生活就快要到了。」他追了九千九百九十九個日夜，離太陽越來越近，紅彤彤、熱辣辣的太陽就在他自己的頭上了。

夸父不顧身心勞累，又跨過了一座座高山，穿過了一條條大河，終於在禹谷就要追上太陽了。這時，夸父心裡興奮極了，他彷彿看到了人們未來的幸福生活。但就在他伸手要捉住太陽的時候，由於過度疲累，身心憔悴，突然，夸父感到頭昏眼花，竟暈過去了。他醒來時，太陽早已不見了。

夸父很失望，但依然不氣餒，他鼓足全身的力氣，又準備出發了。可是離太陽越近，太陽光就越強烈，夸父越來越感到焦渴難耐，他覺得他渾身的水分都快要被蒸乾了，他怕自己再暈過去錯失良機，當務之急，他需要喝大量的水。於是，夸父站起來走到渭河邊，趴在河邊一口氣喝乾了渭河的水。

誰知剛站起來，喉頭裡又是一陣焦渴，夸父看到沒

多遠處東南方的黃河水，趕緊跑到黃河邊，他伏下身子，猛喝黃河裡的水。誰知道，他喝乾了黃河水，還是不解渴。於是，他打算向北走，去喝一個大澤的水。可是，夸父實在太累太渴了，當他走到中途時，身體就再也支持不住了，慢慢地倒下去，死了。

夸父死後，他的身體變成了一座大山，這就是「夸父山」，據說，位於現在河南省靈寶縣西三十五里靈湖峪和池峪中間，夸父死後而變成的山谷叫夸父谷。而夸父那根拐棍在某一天也突然生根發芽了。

人們喜出望外，挖井擔水，辛勤澆灌，這根拐棍竟分枝開花，葉茂果繁，百姓們更加愛護這棵神樹。說也奇怪，樹上的神桃讓鳥獸吃了後，那核竟到處都有。果樹苗破土而出，沒幾年功夫，黃河岸邊就生出了一片桃林，人們叫「桃林寨」。

夸父死了，他並沒捉住太陽。可是天帝被他犧牲、勇敢的英雄精神所感動，懲罰了太陽。從此，他的部族年年風調雨順，萬物興盛。夸父的後代子孫居住在夸父山下，生兒育女，繁衍後代，生活得非常幸福。

26 后羿射日

　　傳說在遼闊的東海邊，矗立著一棵神樹扶桑，樹枝上棲息著十隻三足鳥，它們都是東方神帝俊的兒子，三足鳥放射的光芒，就是人們看見的太陽。

　　他們的母親是東方天帝的妻子，她常把十個孩子們放在世界最東邊的東海洗澡，洗完澡後，他們像小鳥那樣棲息在一棵扶桑神樹上，每個太陽的中心是一隻鳥。九隻太陽鳥棲息在長得較矮的樹枝上，另一隻太陽鳥則棲息在樹梢上，棲息在樹梢上的太陽鳥就是第二天要到天上給人們送去光明的太陽鳥。

　　當黎明預示晨光來臨時，棲息在樹梢的太陽鳥便起床梳洗，然後坐著由神帝的侍衛英駕駛的，由四隻神獸拉著的兩輪車穿越天空。因為每隻太陽鳥的熱量太大，

光太強，神帝就在他們乘坐的兩輪車上掛滿了扶桑樹枝。十隻太陽鳥每天一換，輪流穿越天空，給大地萬物帶來光明和熱量。

當神帝的兒子們輪流值班的時候，人們在大地上生活得非常幸福快樂，人和動物像鄰居和朋友那樣生活在一起。動物將它們的後代放在窩裡，不必擔心人會傷害它們。農民把穀物堆在田野裡，不必擔心動物會把它們劫走。

人們按時耕作，日出而耕，日落而息，生活美滿。人和動物彼此相處和諧，互幫互助，互尊互敬。有時候人會把多餘的穀物放在野地，讓找不到食物哺育後代的動物食用，動物會救助有傷病的人，還會到田裡幫人們耕種，收穫。那時候，世間的生靈們都感恩於太陽鳥給他們帶來了光明、時辰、溫暖和歡樂等等。

可是，有一天，神帝的十個太陽鳥厭倦了每天單獨值班的日子，他們在天上看到大地上的人和人，人和動物，動物和動物互相幫助，互相嬉戲，非常的羨慕。於是他們想到要是跟其餘的幾個弟兄一起遨遊天空，肯定會比單獨一個人周遊天空要快樂的多，他們也可以在天空中互相追逐跑跳，遊玩，談天說話等等。於是，他們便跟神帝的侍衛英商量，但英拒絕了。

可是太陽王子們不甘心，所以他們打倒了侍衛英，當黎明來臨時，棲息在低樹枝的另外九隻太陽鳥跟值班的兄弟一起爬上車，扯掉了掛在兩輪車上的扶桑樹枝，踏上了穿越天空的征程。十個太陽像十個火團，他們一起放出的熱量烤焦了大地，這下子，大地上的人們和萬物就遭殃了。

太陽鳥們在天空中盡情的遊玩，他們從來沒有這麼高興過，他們想到回去後又要被分開，就不想回去。於是天空中始終有太陽，十個太陽一起炙烤著大地。

動物們賴以生存的大森林著火了，燒成了灰燼，燒死了許多動物。那些在大火中沒有被燒死的動物流竄於人群之中，發瘋似地尋找食物。

河流乾枯了，大海也乾涸了，大地上被烤的裂開了一道道的裂縫。所有的魚都死了，水中的怪物便爬上岸偷竊食物，許多人和動物都渴死了，農作物和果園枯萎了，供給人和家畜的食物也斷絕了。一些人出門覓食，被太陽的高溫活活燒死；另外一些人成了野獸的食物，人們在火海裡掙扎著生存。

大地上亂成一團，人開始捕殺動物作為食物，動物因為飢餓難耐，互相捕殺，甚至吃人，大海裡的怪獸也到大地上捕食。於是，原來和睦相處的人和動物的友誼

被破壞掉了，他們反目成仇，互相殘殺，為了報仇，為了食物，為了生存。

這時，有個年輕英俊善良的英雄叫做后羿，他是個神箭手，箭法超群，百發百中。他看到人們生活在苦難中，看不慣太陽鳥在天空中為非作歹的行為，便決心幫助人們脫離苦海，救助他的兄弟姐妹們。

他去勸說太陽鳥們，但太陽鳥們玩得正高興，對他的勸告不聽不顧，甚至嫌他礙事，想把他燒死。后羿非常氣憤，就去跟神帝俊報告，消息傳到天上，帝俊就賜給后羿一張紅色的神弓，一袋白色的箭，叫他下凡到人間，一方面懲治妖魔怪獸，同時也教訓教訓他的這些太陽兒子。

可這些三足鳥根本不把后羿放在眼裡，照樣一齊上天逞威逞強。后羿大怒，於是，他爬過了九十九座高山，邁過了九十九條大河，穿過了九十九個峽谷，來到了東海邊。

他登上了一座大山，山腳下就是茫茫的大海，后羿拉開了萬斤力弓弩，搭上千斤重利箭，瞄準天上火辣辣的太陽，嗖地一箭射去，第一個太陽被射落了。后羿又拉開弓弩，搭上利箭，嗡地一聲射去，同時射落了兩個太陽。這下，天上還有七個太陽瞪著紅彤彤的眼睛。

后羿感到這些太陽仍很焦熱，又狠狠地射出了第三支箭。這一箭射得很有力，一箭射落了四個太陽。其他的太陽嚇得全身打顫，團團旋轉。就這樣，后羿一支接一支地把箭射向太陽，無一虛發，射掉了九個太陽。

中了箭的九個太陽無法生存下去，一個接一個地死去。他們的羽毛紛紛落在地上，他們的光和熱一個接一個地消失了。大地越來越暗，直到最後只剩下一個太陽的光。

可是，這個剩下的太陽害怕極了，在天上搖搖晃晃，慌慌張張，很快就躲進大海裡去了。天上沒有了太陽，立刻變成了一片黑暗。萬物得不到陽光的哺育，毒蛇猛獸到處橫行，人們無法生活下去了。

三足鳥一死，火光自滅，帝俊見九個兒子已死，大發雷霆，不准后羿再回天庭。同時也令僅存的這隻三足鳥日日遨遊，不得休息。

第二天早上，東邊的海面上，透射出五彩繽紛的朝霞，接著一輪金燦燦的太陽露出海面來了！但每年的夏至中午，這個太陽就想起他的九個兄弟，也想起后羿，他很生氣，所以，夏天中午的太陽總是特別的熱，但他自己的能量不足以傷害大地的萬物生靈。

有時候，這個太陽也害怕，害怕哪天后羿也會把他

殺掉，於是他就藏在雲彩後面，甚至害怕到放聲大哭，於是就有了陰天下雨。這個太陽每天從東方的海邊升起，掛在天上，溫暖著人間，讓禾苗得以生長，萬物得以生存。

慢慢的，在一個太陽的光照下，大地萬物開始生長，人類和動物們又可以安寧的生存作息了，大地漸漸的恢復了以前的勃勃生機和繁榮，但是在這場災難中，人類和動物界結下了莫大的仇恨，於是動物總是藉機傷害人類，人類也開始打獵，災難消失了，但仇恨卻長存了下來，人類和動物再也不能像以前那樣和睦相處了。

從此，后羿因為射殺太陽，拯救了萬物生靈，功勳蓋世，被天帝賜封為天將，但因為天帝恨他殺死了自己的九個兒子，於是讓他享天將之名，受人間疾苦。

後來后羿與仙女嫦娥結為夫妻，在生活得美滿幸福之時被天帝藉故拆散，就有了嫦娥奔月的故事。

后羿捕殺的六怪

　　解除了十日並出的災難，后羿馬不停蹄，日夜兼程，去捕獵肆虐人間的怪獸。中原地區，以窫窳、封豨為害最烈。窫窳本是黃帝轄下的一國諸侯，不幸被貳負和危暗殺了。

　　黃帝憐憫他無辜喪命，就請巫彭、巫抵、巫陽、巫履、巫凡、巫相六大神醫上崑崙山會診，研製出不死神藥使他死而復生。窫窳的命是撿回來了，卻完全迷失了本性，剛一醒來，就連滾帶爬地竄下山，一頭栽進弱水，變成了一條龍首虎爪、號聲如嬰兒啼哭的吃人怪獸。后羿深入窫窳巢穴，僅一箭，就讓它死了第二回，這一回是死有餘辜。

　　后羿殺死窫窳以後，便前往中原，在這裡的桑林有

一頭獠牙如戟、力勝百牛、鐵骨銅皮的大野豬封豨；封豨橫衝直撞，拱毀莊稼、村落，所經之地頓成廢墟。后羿左右施射，刺瞎野豬雙睛，將它生擒活捉。

后羿在北方誅殺窫窳、捕獲封豨之後，便轉戰南方，在壽華之野追及鑿齒。鑿齒人身獸臉，它的殺人利器是突出嘴外的兩根五六尺長，形似鑿子的牙齒，為了應付弓箭，它特地帶上一面巨大而堅固的盾牌，它至死也沒弄清楚，后羿的神箭是如何穿透盾牌，扎進它心窩的。

盤據在洞庭湖的一條修蛇，常年作浪，覆舟無數，吃人無數。它風聞神射手后羿已至南方，便潛伏湖底，銷聲匿跡。萬頃波濤掩蓋妖蹤，后羿的神奇射技也就沒有了用武之地，他毅然捨弓持劍，躍入深不可測的大湖，歷千險萬難，終於在滔天白浪中劍斷長蛇，洞庭湖水，竟給蛇血染紅了一半。

盤踞在東方的巨型鳥大風仍在青丘之澤掀起狂風，毀屋拔樹。后羿東征青丘澤，用青絲繩繫於箭尾，一箭射中閃電式飛掠的大風。那大風力大善飛，尚欲帶傷逃生，無奈箭上繫繩，只能像風箏一樣被后羿收回。

此時在北方，九頭怪九嬰仍在凶水一帶噴火吐水，淹鄉焚城；九頭怪九嬰自恃有九顆腦袋、九條命，絲毫

不懼北伐的后羿，它九口齊張，噴吐出一道道毒焰、一股股濁流，交織成一張凶險的水火網，企圖將后羿困住。

后羿知道九嬰有九條命，射中一個頭，它非但不會死，而且能很快痊癒，故再使連環箭法，九支箭幾乎同一時刻插到了九嬰的九顆頭上，九嬰的九條性命一條也沒留下。

28 射月亮

古老的時候，天空上只有太陽，沒有月亮，也沒有星星，一到晚上，四處墨黑。忽然，有一個晚上，天空出現了一個熱烘烘的月亮，它七稜八角，不方不圓，像

山上剛爆下的大石塊。它發出毒熱的光，把田地裡的禾苗曬得焦枯，把人們曬得熱乎乎，人們在晚上熱得不停翻滾，睡不著覺。

那時，大石山腳住著一對青年夫婦。男的叫雅拉，射得一手好箭，專門跑山打獵。女的叫尼娥，織得一手好錦，專門在家裡織繡。尼娥看見月亮這麼兇惡，她對雅拉說：「你是好射手，快把月亮射落下來，救救大家吧！」雅拉拿起弓箭，爬上屋後的高山頂，鼓足氣力，彎弓搭箭向月亮射去。可是，箭到半空中便落下來了。他一連射了一百支箭，一百支箭都在半空中落下來。

箭射完了，他抬頭看看天上熱烘烘的月亮，低頭看看山下焦枯的禾苗，乾瘦的人們。他歎了一口長長的氣。忽然，「吱呀」一聲，後背的大石塊像門一樣張開，一個白鬍子老人走出來說了幾句話：

南山有大虎，北山有高鹿。

若要膀力強，吃完虎鹿肉。

虎尾弓，虎筋弦，

鹿角箭，射得月亮團團轉。

說完，老人鑽進大石塊裡，石門「吱呀」一聲，關住了。雅拉明白了老人的話，下山來和尼娥商量怎樣捕捉虎鹿。

尼娥說：「你箭法高強，把虎鹿射回來就是了。」

雅拉說：「南山的大虎和北山的高鹿，我也曾射過。它們的皮又厚又韌，箭射不進去呀！只有用大網，可是，要到哪裡才能得到一張堅韌的大網呢？」

尼娥想了一想，摸摸自己長長的頭髮說：「用我的頭髮來織一張大網吧！」

她即刻扯下自己的頭髮來。她的頭髮很奇怪，扯光了又冒出來，扯光了又冒出來，像蠶絲一樣盡扯盡出。青年夫婦不分日夜地織網，織了三十天，一張有鎖口的大網織成了。

夫妻倆拿起網到南山的大老虎洞口圍好。老虎出洞找食物吃時，一鎖就鎖住了。老虎大翻大滾，大聲吼叫，山嶽也震動了。他們用鐵針刺瞎了老虎的眼睛，用斧頭劈碎了老虎的腦殼，拖了回來。他們又到北山高鹿洞口，用同樣方法捉回了高鹿。

雅拉吃完虎肉鹿肉，身子添了千斤氣力。他拿虎尾做弓，虎筋做弦，鹿角做箭，又登上大山頂。他拉弓搭箭，站定椿子，鼓足氣力，「堂」一聲，箭直向月亮射去。「劈叭」一聲，月亮火星亂冒，那火星散佈在天空就成了星星。鹿角箭碰到月亮又轉回來，落在雅拉的手裡。

　　雅拉搭上弓弦又向月亮射去，一連射了一百次，把月亮的稜角都射掉了，滿天散佈著星星。月亮成了一個圓圓的輪子，在天空打轉轉。可是月亮還熱供烘的，發出毒熱的光，禾苗還是焦枯的，人們仍是乾癟的。

　　雅拉拿起弓，垂頭喪氣地走下山來，對尼娥說：「尼娥，怎麼辦呢？月亮還是毒熱的啊！若有一塊東西把月亮遮住就好了。」

　　這時，尼娥正織著一張大錦，錦上繡有一間精緻的房子，門口有一株金黃的桂花，草地有一群白羊和白兔。尼娥把自己的像繡在桂花樹下，還準備把雅拉也繡上。她聽到雅拉要用塊東西遮住月亮，就說：「把這張大錦綁在鹿角箭頭，射上天空，遮住月亮吧！」

　　雅拉即刻把大錦綁在鹿角箭頭，又登上山頂，嗖的一箭，射上月亮，把月亮蒙住了。月亮不再毒熱了，它發出幽幽的白光，清清涼涼的，好可愛啊！人們在山下愉悅的笑起來了！

　　雅拉站在山頂上，笑眯眯地望著月亮。忽然，看見大錦上的尼娥、桂花樹、白羊、白兔都在月亮裡活動起來了。月亮上的尼娥向地上一招手，站在家門口的尼娥就輕飄飄地飛上天空，飛進月亮裡，兩個尼娥合做了一個尼娥。

　　雅拉在山頂看見尼娥飛上月亮裡，他心頭一急，兩腳一軟，便坐在石頭上。他眼睜睜望著月亮，口裡拉長嗓子喊叫著：「尼娥啊，你為什麼不把我也織在錦上呢？尼娥啊，下來吧！尼娥啊，下來吧！」

　　尼娥在月亮裡也急得團團轉。她把自己的頭髮拉得長長的，編起一條長長的辮子。月亮走到山頂天空的時候，尼娥低下頭把辮子垂下山頂。雅拉抓住辮子，一挪一撐地像猿猴一樣，爬進了月亮，兩人緊緊地拉著手，好歡喜啊！

　　此後，尼娥坐在月亮裡桂花樹下織錦，雅拉在草地上看護白羊白兔，他們的生活好甜蜜啊！看，那月亮裡面的黑影子，就是雅拉和尼娥。

29 嫦娥奔月

玉顆珊珊下月輪，殿前拾得露華新。

至今不會天中事，應是嫦娥擲與人。

——皮日休《天竺寺八月十五日夜桂子》

自古以來，中華民族對月亮的浮想聯翩中總少不了嫦娥，對於嫦娥奔月的故事，更是千古傳唱。但嫦娥奔月的故事有很多版本，一說是嫦娥偷吃了后羿的長生不老藥後升飛月宮；一說是嫦娥因遭河伯迫害，為了不連累丈夫后羿而獨飛月宮；還有的說是因為后羿的邪惡的徒弟要陷害后羿，嫦娥為了救丈夫而獨飛月宮……。

但我們寧願相信嫦娥是一個善良的女子，這是一個善良的妻子救助丈夫的故事。

嫦娥原來是一個村姑，她非常美麗，長長的頭髮，

白皙的皮膚，更重要的是她有著一顆金子般善良的心，她總是千方百計地為百姓做好事。

嫦娥有個戀人叫后羿，是個神箭手，英勇神武，他就是後來射日的英雄。村子裡的人們都非常喜歡他們兩個，也為他們感到高興而祝福他們。但正是由於嫦娥的美麗而造成了她和后羿的分離。

在那時，他們居住的村邊有一條河，村子裡的人就依賴這河水生存。人們從田裡工作了一整天回來，常常在河邊喝幾口甘甜的河水，洗個澡再回家，人們從河裡擔水回家做飯，女人們常在河邊漿洗衣物。但河裡有個河神，名叫河伯，他是個無所事事，心術不正的人。常常藉故要村民們給他進貢供品。

有一天，嫦娥與幾個要好的女伴在村邊小河旁洗衣。不料，河神河伯正閒逛到此，他見到嫦娥的沉魚落雁之容，頓時驚為天人，便一抹臉變成一個英俊的小伙子，腆著臉走過去跟嫦娥搭話。

嫦娥見他不懷好意便急忙躲開，不理他，但是河伯一計不成，非常氣惱，看看周圍沒人，便露出了猙獰的真面目，要強搶嫦娥入水。正在這危急關頭，后羿背著弓箭回來路過河邊，他看到河伯正在欺負他的心上人，頓時氣得劍眉倒豎，怒髮衝冠，再加上河伯平時欺壓百

姓，仗勢欺人，他早就看不下去了。他拈弓搭箭，「嗖」地一聲，射瞎了河伯的一隻眼睛。河伯那本來就醜陋得要命的臉上頓時鮮血直流，疼痛難忍，他疼的大叫一聲，便跳下河去。

大家都知道河伯是個心胸狹窄之人，他一定還會回來報復嫦娥和后羿的。經過這件事後，嫦娥和后羿唯恐夜長夢多，便提早成婚。婚後，二人過得非常幸福。當然，他們並沒完全沉浸在小家庭的美滿快樂之中，兩顆善良的心總想為鄉親們做些好事，平時嫦娥就幫鄉親們耕種收播，后羿就教當地的年輕人射箭防身打獵，他的箭術遠近聞名，不少志士慕名前來投師學藝。奸詐刁鑽、心術不正的蓬蒙也混了進來。

就這樣，他們快快樂樂的過了幾年好日子。這一年，天空出現了十個太陽，大地都快要著火了，人們無法耕種，無法生活，處於被滅絕的災難之中。后羿便決心要射掉那多餘的九個太陽，拯救百姓於火海之中。

他天天揮汗如雨，準備射日的工作。可是，河伯對他恨之入骨，不斷地前來騷擾，並與蓬蒙勾結，他發誓要報一箭之仇，更要搶到他一直貪戀著的美女嫦娥。為此，后羿十分煩躁憂心。

有一天，一位大仙看到后羿和嫦娥受苦，看不下去

了，便給了后羿一丸仙藥，好心告訴他，河伯報仇心切，他將要面臨一場大禍，如若吃了這丸藥，便可擺脫人間的一切磨難和煩惱，升入月宮中，可是，必須能耐得住孤獨和寂寞的煎熬。后羿聽後，心緒不寧地回到家中，將大仙的話如實地告知了嫦娥，便馬不停蹄的出去準備射日了。

后羿剛走，蓬蒙來了。因為蓬蒙也知道了大仙給后羿仙藥的事情，便來要挾嫦娥：如果不把仙藥交出來，就把嫦娥獻給河伯。

嫦娥坐立不安的在房中走來走去，看著一天比一天消瘦的丈夫，她心裡非常痛苦。她深愛著后羿，絕不願他遭受任何磨難的折磨，可是，她又想到丈夫身上還肩負著射掉九個太陽的重任，正受著燒烤之災的鄉親們需要他去拯救。嫦娥心中十分明白，河伯對於丈夫的威脅，都源於自己。河伯對她仍沒有死心，為了得到她，什麼壞事都做得出來，怎麼辦呢？

嫦娥走投無路，但又不想再給勞累不堪的丈夫增加任何的負擔，突然，她心中閃過一個念頭：為了讓河伯對她死了心，為了讓蓬蒙的詭計不能得逞，為了讓丈夫排除一切雜念和干擾，全心全意地去射掉九個太陽為民服務，她決心犧牲自己。主意打定後，她就急忙找出仙

藥，吞了下去。

　　吞下仙藥後，嫦娥內心一直惴惴不安，她想等丈夫回來，看丈夫最後一眼，但內心又非常痛苦，不知道丈夫能不能理解自己。過了幾天，后羿射日成功回來了，他興高采烈的跨進家門，要與他心愛的妻子分享他成功的喜悅。但是他發現嫦娥心神不定，臉上泛著神奇的紅光，很是詫異，又覺不祥。

　　嫦娥深情地望著丈夫，她知道與丈夫在一起的時間不多了，便眼含淚水囑咐丈夫要好好珍重自己，請求丈夫原諒她不能再盡到做妻子的義務了。話猶未盡，嫦娥只覺得心中恍惚，身子突然變輕了，接著，雙腳離地竟飛了起來，她邊往天上飛邊回頭高聲叫著：「后羿，我的好夫君，永別了！要珍重！」

　　嫦娥冉冉上升，飛進了月亮中那寂寞、冷清的廣寒宮，做了月中仙女。然而，這裡沒有親人，沒有歡笑，只有一隻惹人憐愛的玉兔相偎依，只有那總在砍著桂樹卻總也砍不倒的吳剛相陪伴。

　　嫦娥飛天之後，悲痛欲絕的后羿，仰望著夜空呼喚愛妻的名字。這時他驚奇地發現，今天的月亮格外皎潔明亮，而且有個晃動的身影酷似嫦娥。后羿急忙派人到嫦娥喜愛的後花園裡，擺上香案，放上她平時最愛吃的

蜜食鮮果，遙祭在月宮裡眷戀著自己的嫦娥。

百姓們聞知嫦娥奔月成仙的消息後，紛紛在月下擺設香案，向善良的嫦娥祈求吉祥平安。從此，中秋節拜月的風俗便在民間傳開了。

自從嫦娥犧牲自己，飛上月宮後，后羿把痛苦、惆悵化作了力量。后羿明白妻子的作為是替自己和百姓著想的緣故，他深深地被感動和激勵著，日夜苦練著射箭的本領，終於戰勝了河伯的挑戰，除掉了居心不良的蓬蒙，拯救了人類。人間有了歡樂，鄉親們過著了安寧祥和的日子。

天帝也被嫦娥和后羿這種為了鄉親們的幸福而犧牲自己的精神感動了，後來，便封后羿為天將，於中秋佳節之日使二人重逢團圓。從此，嫦娥和后羿在天上過上了幸福美滿的生活。同時，天帝還規定月亮每月十五一圓，以祝願花好月圓夜，天下有情人成眷屬。

30

天狗吃月

　　話說神箭手后羿射死了天上的九個太陽，為老百姓除了大害，全天下的老百姓都對后羿感恩戴德。天上的王母娘娘聽說了這件事情之後對后羿感到很好奇，要下凡親自看看后羿是何許人也。

　　一天晚上，后羿正帶著他的大獵狗黑耳在深山裡圍獵老虎。王母娘娘在仙女們的陪伴下，駕著萬朵祥雲，靜悄悄的落在山頭看著。看了一會兒，王母娘娘覺得后羿真是個人才，就命令仙女把后羿喊過來，從身旁紅衣仙女的手中拿過一個光彩奪目非常漂亮的小盒子，從裡面取出兩顆靈藥，一根人參交給后羿，並叮囑后羿說：「回家後用人參湯吞服這兩顆靈藥即可成仙。」

　　后羿歡天喜地地接過靈藥，謝過王母娘娘後，就帶

著他的獵狗，背著打到的獵物高高興興地回家了。

后羿為人忠厚善良，他暗自想：「妻子嫦娥跟自己是結髮夫妻，如果她也吃了這靈藥，跟我一塊兒升天該多好啊！」

他回到家，向嫦娥交代了碰到王母娘娘和靈藥的事，然後說：「父老鄉親們向來都待我們不錯，這次打到的獵物就分給大家吧！我這就把獵物給大家送去。」

出門後，后羿摸了摸他獵狗黑耳的毛說：「老夥計，你也跟著我跑了一天了，也很累了，你就別跟著了，在家好好休息休息，順便幫我看看門，我一會兒就回來了。」黑耳懂事地搖搖尾巴，就回院子裡去了。

再說嫦娥聽了后羿的話後非常高興，她連忙按照后羿的囑托，把仙藥在人參湯裡煮熟了，等后羿回來一起吃。嫦娥想：自己是個凡俗女子，托丈夫的洪福也可以升天做神仙了，得穿戴得好點兒，別到了天上給自己的丈夫丟臉。

她仔細的梳好一頭五尺多長的濃黑頭髮，把平時捨不得戴的首飾都戴上，然後找出自己最漂亮的衣服穿上。打扮妥當之後，她無事坐在鍋的旁邊等丈夫后羿回來。這時候鍋裡的靈藥已經熬好了，一股股的香味飄了出來。

嫦娥已經一天沒吃東西了，肚子有點餓。她揭開鍋，撲鼻而來的香氣讓她本來就餓的肚子更加難受，她忍不住了，用勺子舀出一粒仙藥，放在嘴裡一嘗，呀，香味四溢，滿口芳香，肚子裡也暖烘烘的，格外舒服。

吃完一粒，她頓時覺得神清氣爽，格外舒服。她還想吃，突然想到丈夫還沒吃呢，她趕緊打了自己一下說：「真是饞嘴，說好只是嚐一嚐，怎麼還想再吃。」

過了一會兒，后羿還沒回來，嫦娥再也忍不住了。她轉念一想：「自己的丈夫是個能人，他能從王母娘娘那裡要來仙藥，總還能再要個十幾粒。再說他射日有功，要成仙那是早晚的事，我乾脆把剩下的這一粒也吃了，成仙後到天上等他。」想到這兒，嫦娥從鍋裡舀出最後一粒仙藥，一口一口慢慢吃完了。

吃完仙藥，丈夫還沒有回來，她又舀出人參，也一塊兒吃了。吃完後，她覺得自己身體輕飄飄的，走路也輕飄飄的，累了一天的疲勞感一點兒都沒有了。

這時天已經完全黑了，嫦娥見丈夫還沒回來，就想到門口等他。誰知她剛一出門，一邁開腳，她就覺得自己腳下的感覺不一樣，低頭一看，哎呀，自己的雙腳離開了地面，身子隨著涼風飛起來了。

嫦娥這時候後悔了，她淚流滿面，後悔自己不該嘴

饞把靈藥都給吃了，拋下了丈夫。

　　門口的獵狗黑耳，看見嫦娥輕飄飄的要飛起來了，突然想到靈藥在嫦娥那兒，就趕緊到屋裡查看。這一看不要緊，看見鍋裡的靈藥和人參都沒了，只剩下湯，它頓時火冒三丈，一爪扒翻了鍋，喝乾了鍋裡的人參湯，也飛上天追嫦娥去了。

　　嫦娥聽到身後黑耳的叫聲，又驚又怕，慌慌張張，一頭鑽進月亮裡去了。黑耳豎起渾身的狗毛，身子越長越大，一下子撲上去，連嫦娥帶月亮一塊兒吞了下去。

　　王母娘娘這時候正在蟠桃園裡賞月呢，一轉眼，月亮沒了，便派一個小神出來看看。

　　夜遊神跑來稟告說是一條大黑狗把月亮吃掉了。王母娘娘命令天兵天將去捉拿大黑狗。捉來黑狗，王母娘娘一看，是后羿的獵狗黑耳。她又聽了黑耳的話，知道了事情的原委，王母娘娘大發慈悲，封黑耳為天狗，讓他守護南天門。但天上不能沒有月亮呀，王母就命令黑耳把月亮吐出來，然後懲罰嫦娥永世獨居月宮。

31

吳剛伐桂

　　每當八月十五人們品月餅，嘗桂花酒的時候，人們抬頭仰望月空，想到嫦娥在月宮的清冷，還有就是那在月宮外不停伐桂花樹的吳剛。

　　吳剛每天伐樹不止，千萬年過去了，那棵神奇的桂樹依然如舊，生機勃勃，每臨中秋，馨香四溢。吳剛知道人間還沒有桂樹，他就把桂樹的種子傳到人間。吳剛與桂花酒還有一段故事呢！

　　相傳吳剛又叫吳權，本是西河人。喜歡道術，對道術的喜歡達到了如癡如醉的地步，一旦接觸到道術，常常廢寢忘食。這一年，吳剛剛成親，就聽說東海有仙人能指點道術，於是便丟下新婚的妻子跑去東海學習道術。這一走就是三年。

　　炎帝之孫伯陵，趁吳剛離家學仙道的時候，和吳剛的妻子私通，還生了三個兒子。吳剛學成歸來，知道真相後，怒髮衝冠，一怒之下殺了伯陵，因此惹怒太陽神炎帝，把吳剛發配到月亮上，終生守候著清冷的月宮。

　　但吳剛生性善良，樂善好施，他不想自己像個廢人一樣什麼都不做，於是就在月宮向人間眺望。

　　一天晚上，他看到在杭州的兩項山下，住著一個賣山葡萄的寡婦，她為人豪爽善良，釀出的酒，味醇甘美，人們尊敬她，稱她仙酒娘子。但這婦人雖然有個賣酒的營生，但一人要照顧老人，撫養孩子，加上官府的苛捐雜稅，常常是窮的揭不開鍋。

　　一年大旱，顆粒無收，酒仙娘子釀不成酒了，家裡也就沒錢買米了。這年冬天，冰封雪凍，酒仙娘子家實在是無米為炊了，孩子餓的直哭，老人凍的在炕上直打哆嗦。

　　一天清晨，仙酒娘子打開大門，想出去拾點柴生火煮水，忽見門外躺著一個骨瘦如柴，衣不遮體的中年男子，看樣子是個乞丐，估計是又冷又餓，昏過去了。仙酒娘子摸摸那人的鼻口，還有點氣息，就慈心大發，也不管別人怎麼議論她，把他背回家裡，生火給他取暖，又給他灌了點熱水，這人才慢慢甦醒過來。

　　那漢子慢慢甦醒過來，激動地說：「謝謝娘子救命之恩。我無力謀生，現在出去不是凍死，也得餓死，你行行好再收留我幾天吧！」

　　仙酒娘子為難了，因為常言道，「寡婦門前事非多，」像這樣的漢子住在家裡，別人會說閒話的。可是再想想，總不能看著他活活凍死、餓死啊！終於點頭答應，留他暫住幾天。

　　果然不出所料，關於仙酒娘子收留一個男人在家的閒話很快傳開，大家就對她疏遠了，也很少有人來幫忙她了，甚至村子裡有人開始排擠她，要趕她出去。

　　但仙酒娘子忍著痛苦，盡心盡力照顧那漢子。後來，謠言越傳越盛，她的家門經常被人砸壞，她實在無法忍受了，那漢子知道後就不辭而別，不知所往。

　　仙酒娘子放心不下，到處去找，找到山坡下，遇到一位瘦骨嶙峋的白髮老人，挑著一擔乾柴，顫巍巍的一步一晃的吃力地走著。仙酒娘子正想去幫忙，那老人突然跌倒，乾柴散落滿地。老人閉著雙目，嘴唇顫動，微弱地喊著：「水，水……」

　　荒山野坡哪來水呢？仙酒娘子咬破中指，頓時，鮮血直流，她把手指伸到老人嘴邊，想給老人潤潤喉嚨，老人卻忽然不見了。

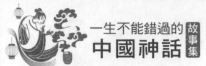
　　突然一陣清風，天上飛來一個黃布袋，袋中貯滿許
許多多小黃紙包，另有一張黃紙條，上面寫著：

　　月宮賜桂子，獎賞善人家。

　　福高桂樹碧，壽高滿樹花。

　　採花釀桂酒，先送爹和媽。

　　吳剛助善者，降災奸詐滑。

　　仙酒娘子這才明白，原來這癩漢和擔柴老人，都是
吳剛變的。這事一傳開，遠近的人都來索要桂子。

　　善良的人把桂子種下，很快長出桂樹，開出桂花，
滿院香甜，無限風光。

　　對那些心術不正的人，種下的桂子就是不生根發
芽，使他們感到難堪，從此洗心向善。

　　大家都很感激仙酒娘子，是她的善行，感動了月宮
裡管理桂樹的吳剛大仙，才把桂子灑向人間，從此人間
才有了桂花與桂花酒。

　　原來吳剛敬佩酒仙娘子的為人，又可憐她孤苦無
援，就化身乞丐和老漢來考驗酒仙娘子。回到月宮後，
吳剛用盡所有道術，讓月宮裡長出桂花樹——月桂，但
因為吳剛道術用盡，桂花樹不能開花，只有不停的砍，
桂花樹才會開花，月桂高達五百丈，隨砍即合。於是，
為了使人間桂花常開，吳剛就在桂花樹下不停地砍。

而吳剛的妻子本就內心不安，因為她的緣故讓自己的丈夫孤獨的在月宮裡終老一生，聽說這件事情後，吳剛的妻子更加內心負疚，便叫三個兒子，一個叫鼓、一個叫延、一個叫殳斨，飛往月亮，陪伴他們名義上的爸爸，度過那漫長無盡的清冷歲月。

　　吳剛的三個兒子叫鼓的變成了蟾蜍，叫延的變成了小兔，叫殳斨的變成了叫「不詳」天癸。從此殳斨開始製作箭靶，鼓、延開始製造鍾、磬，制定作樂曲的章法。所以寂寞的廣寒宮時常仙樂飄飄。

　　後世，唐明皇漫遊月宮的時候把這些遊樂曲記錄下來，回到人間，創作了《霓裳曲》。傳說唐明皇漫遊月宮的時候，吳剛還接見了他呢！只不過當時他面容疲倦，而且他的斧頭已經生滿了黑銹，破舊的衣袖也因為沒有人縫補而破爛不堪罷了。

　　這便是中華遠古五帝時代，吳剛第一位做成了天下第一美酒——桂花酒的事！

刑天戰玉皇

　　人類誕生後，地面上幾乎沒有中斷過戰爭，特別是黃帝降世後，戰爭幾乎遍佈到神洲的每一個角落，它的直接後果便是令天地間的戾氣增加到祥和之氣無法與之中和的地步，而幾百年下來凶獸肆虐的情況又始終沒有改善，雖然有賢明的帝俊，讓百姓得到短暫的安寧，但十日危機與天妖作祟都帶給了人類莫大的危機，在生存面前，人類變得無法琢磨，惡念叢生。人的惡念又可以稱之為魔念，而魔念的不斷積累，終於讓元始天王之後又一個蓋世魔王的誕生。他的名字就叫做魔。

　　魔，本來是無影無形的，只能以寄生的方式害人，但在一次偶然的機會裡，魔與幾個怨靈同時吸收到天地交合之氣，又正好得到元始天王盤古氏的造世神光的照

拂，在與一小塊息壤相融後，便形成了第一個有形的魔！又經過數千年光陰的沉浸，終於修練成人形，並自取一名曰刑天！

刑天不但擁有了源於三界之惡念而來的強大破壞力，還能夠隨時吸取新生於天地間的魔氣為己用，力量一日強過一日！終於有一天，他從地底破繭而出，踏入天地人三界，準備大展拳腳。玉皇大帝得到消息後匆匆趕來，與刑天展開惡戰，雙方各顯神通，三百回合後，玉帝佔了絕對的上風！

刑天魔力雖強，無奈武藝不精，自思的確遜於玉皇大帝一籌，於是借血遁敗走！他的血不但巨毒無比，而且附有詛咒的力量，玉皇大帝想不到他會突然逃走，逃走的手段又這麼絕，血又這麼毒，只好先自行避過毒血，再用法力收入容器中，以免它落入人間。

經此一役，刑天本該知難而退，但他只是找了個邪氣極重的地方，繼續吸收人間的魔氣，當玉皇大帝經過常羊山的時候，他自認為已有足夠把握，就攔住了他的去路，一仙一魔展開第二場大戰！

玉帝上次被刑天逃走後，也認真總結了勝而未殲的原因，身上穿起專為對付千面天妖而煉製的刀槍不入、百法難侵的天帝戰甲，鐵了心要找出並除掉刑天⋯⋯數

日數夜的激戰之後，刑天終於被玉帝斬首。

但玉皇大帝走後不久，刑天漸漸醒轉，他由土而生，生存能力與蚯蚓類似，他以雙乳做眼，肚臍做口，拾起武器，想去尋找玉帝再戰一場！因為他不服，他之所以敗，全因為玉皇大帝穿著天帝戰甲！可是當他舉起手中的武器，他才發現自己的身體正在漸漸的虛弱下去，載著天帝浩然正氣的神劍已經破了他的魔功，他再也恢復不了剛才的功力，追去等於送死！

後來他乘玉帝恢復元氣的時候，偷出天帝戰甲，並逃了出來，闖進了天外天中的無聲暗空，用自己巨毒的鮮血發下一個又一個的毒咒，作用在這天上第二神器之上，經過了數百年的不懈努力，天帝戰甲上的浩然正氣終於被抵消殆盡，並迅速變質為與刑天心意相通的邪惡戰甲。

又過了一百年，刑天終於到了油盡燈枯的時候，他用盡最後一分力，以死的代價，把自己的精、氣、神附到天帝戰甲之上，從此天帝戰甲不再是一件普通的防具，而變成一件擁有強大神祕魔力的、有靈性的魔甲，只要等到一個它可以認同的神靈出現時，他就將開始繼續刑天一生未完的意願——弒帝爭位，君臨天下！

33 帝堯治澇河

　　平陽北有一條澇河，它發源於浮山東北的牛首山下，古代這裡多黑風，刮得山黑水黑，故牛首山又稱為烏嶺或黑山，澇水也稱為黑水。黑水和城西河水馬台河匯合以後，到郭行一帶峽谷水流湍急，洪水季節，河水猛漲，橫溢兩岸，常常造成災害。

　　傳說黑水上有個黑風女妖作怪，興風作浪，澇水狂漲，淹沒附近的良田村莊。女妖走時（乾旱季節），如發地震，地動山搖，澇河乾涸，滴水不留。帝堯為了解除百姓疾苦，帶領一班人馬前往治水消除妖災。

　　帝堯一行來到郭行，女妖已走，遍地乾旱，人困馬乏，連一滴水也找不到。大家正愁著缺水的事，帝堯的坐騎一匹大白馬，仰首長嘶，用蹄子在一塊方形的岩石

上，嚓、嚓、嚓，連刨三下，石頭上火星四濺，崩出一
個馬蹄形的石坑，那馬又低下頭，鼻子冒氣低鳴了三
聲，立即一股清水從石縫中冒出來，嘩、嘩、嘩，一會
兒便成了一個清水泉，大家一見，喜出望外，爭相品嚐
這甘甜的清涼水。這就是馬刨泉（堯陵一景）的來歷，
至今泉邊石頭上的馬蹄印仍依稀可見。

帝堯一行解了焦渴正往前走，忽然黑風刮起，飛沙
走石，天昏地暗，大雨傾盆，河谷口一帶山崩，堵住了
水路。郭行口往上，洪水汪洋，眼看村子被淹。帝堯立
即組織當地百姓和他的隨從護衛人員一起，在谷口挖土
刨石，扒開一個洞口，放蓄積的洪水流走，為郭行一帶
的百姓免除一場大水災。

洪水洩去以後，河水奔流，兩岸往來不便，帝堯決
定在河道上架起一座石橋，並要求三日內建成。大家只
得晝夜不停地趕工，白天造橋還好辦，可是夜晚黑咕隆
咚實在困難，這件事被鹿仙女知道了。

當天夜晚，大家正愁著看不見時，忽然天空飄來一
朵紅雲，紅光閃閃，照得河上大橋一帶明亮一片。有人
往上看時，看見鹿仙女站在雲端向大家揮手致意，原來
是鹿仙女撒開自己的霞帔放出光彩，為修橋出力助戰。
此後人們在石橋東邊的山頭上發現一塊鹿石，那石頭和

鹿的形狀十分相似，大家想起當時鹿仙女就是站在那裡觀看建橋的，大伙奮戰三天三夜，第四天凌晨，石橋巍然屹立在黑水河上，帝堯和大夥一起歡呼勝利。

突然間，風起雲湧，下起瓢潑大雨，頓時洪水奔騰，大浪翻滾，猛衝新橋，女妖在空中露出猙獰的面孔嘲笑。帝堯無奈之際，將金丹靈珠吐出來趕走女妖，將靈珠安放在橋上鎮住石橋。從此，不管有多大的洪水，也淹不了沖不垮這座石橋，帝堯卻由於吐出靈珠，元氣大傷，病倒在床。

黑風女妖未除，帝堯放心不下。在郭行村邊，澇河旁邊有個山丘，人稱姻堆理。姻堆下部，有一山洞，一直通到霍山腳下，黑風女妖便鑽進這個山洞裡。原來這個洞清風徐徐，沁人心脾，百姓勞動過後，多來這個洞口歇涼，渾身清爽，人稱清風洞。

自從這個洞鑽進黑風女妖以後，時而興風作浪，毀壞村莊田園；時而化為牛頭馬面，口吐黑風，傷害人畜；時而化為妖女，深吸一口氣，將人吸進肚裡，弄得附近的人，日夜不寧，四散逃離，田園荒蕪，阻斷交通。民謠說：「清風洞變成黑風洞，黑風洞裡宿妖精，倒吸一口氣，人畜不見影。涼爽地變成吃人坑，弄得路斷行人，民不聊生。」帝堯聞報，帶病與大家商議降妖

除害。帝堯母見兒子積勞成疾，十分心痛，便自告奮勇願降妖除害，為兒分憂。

這天是六月初十日，帝堯母手執桃符，面對太陽注目凝神，深吸三口氣，轉向洞口，用神咒封住洞口，又在洞口日夜守候了三個月。說也奇怪，黑風女妖再也不敢出來作怪。後來從霍山一帶傳來消息，說有一股黑風從霍山腳下洞口中衝出去，化為烏有。

從此，黑風洞又恢復清風洞的名稱，逃走的人們，又陸續回到家園。人們託帝堯母子的洪福，過著安寧的日子，帝堯老母告別百姓要回平陽，方圓數十里的男女老少都來跪在地上，苦苦哀求老人家留下住些日子，大家也想盡一點報答心意。帝堯母決定留住些天，與百姓同享歡樂。

百姓們高興地尊稱帝堯母為堯姑，將姻堆理改名為姑德理，修建一座「堯姑廟」，每年六月初十日，方圓各村百姓獻牲歌舞，永世紀念帝堯母恩德，帝堯也騎馬按期來觀看歌舞，離廟五里以外就下馬步行，後人便稱這個村為下馬莊，拴過馬的石頭稱拴馬椿。

帝堯還到東山一帶（今浮山縣）巡視，步行到堯姑廟五里以外才上馬，後人稱這個上馬墊腳的石塊為上馬台，村稱馬台村。

堯王訪賢

堯是一位勤政愛民的好君主，每天日出就開始理事，到了太陽落山才回家休息，自己鑿井飲水，自己耕田吃飯，在他的帶領下，老百姓們生活安寧。但堯的十個兒子卻不成器，為人驕橫暴虐，欺壓百姓。那時候洪水遍地的時候，他的大兒子丹朱總是坐船出遊，東遊西蕩，對老百姓的疾苦不聞不問。

後來洪水平息了，他還想坐船遊玩，就叫老百姓給他拉船，害得拉船的人氣喘吁吁，他卻在船上哈哈大笑，從中取樂。

上了年紀的堯看兒子如此不成器，無法承當國家重任，很是著急。一天做夢時，夢見一名後生在山下敲簸箕趕牛拉犁，夢醒後，覺得這就是上天給他安排的接班

人。

於是第二天，堯就整裝出發，要去尋找接班人。他歷盡千辛萬苦，不知訪了多少地方，問了多少人，始終沒有見到這個人。

一天，堯走到龍頭之歷山坡前，看見一個青年人駕著一頭黃牛和一頭黑牛在耕地。那人手裡沒有拿鞭，拿的是簸箕，不時敲打著。堯心裡高興，終於找到自己的接班人了，但他還要仔細考察考察。

這時候有一位白髮老人，挑著一擔柴從對面山上走下來，那小伙子看見後趕緊放下手裡的活兒，接過老人的擔子一直挑到山坡下面，等那老人過來，堯問道：「老人家，那小伙子是您的兒子嗎？」

老人家說：「我哪有那麼好的福氣呀，他是我們的首領，家住在附近，我是他的老百姓。」

堯就奇怪了：「他是首領還給你擔柴？」

老人說：「我們的首領就是這麼個人。一點兒架子都沒有，看誰有困難就幫誰，而且，身為首領，他的活從來都是自己做，你看，他正自己犁地呢！」

堯聽了老人的話非常高興，他問這個小伙子：「你叫什麼名字呀？」

「我叫舜。」

「這位老人說的是真的嗎？」

小伙子害羞地說：「我是他們的首領，不過老人家過獎啦，我只是盡我所能而已。」

堯又問：「你為什麼趕牛不用鞭子而用簸箕呢？」

小伙子說：「牛幫人工作，沒要求回報，如果人再用鞭子趕牛就太殘忍了，所以我只想用簸箕嚇唬一下就好了。再說兩頭牛耕地，只打一頭，結果一頭死勁拉，另一頭走的慢，這樣不但牛會很累，地也犁不好。」

堯被這位小伙子謙虛勤奮的態度打動了，就帶他回到自己的都城，讓大臣們一塊兒來考考他。結果舜對大臣們的問題對答如流，不管是家國大事還是防敵御辱，上至天文下至地理，他無不精通，大臣們都對他的才華交口稱讚，於是，他就成了堯的繼承人，被人們成為舜王。

娥皇女英出嫁的故事

　　堯王是上古時候的部落群體領袖，他勤政愛民，受到大家的愛戴。傳說他有兩個美貌如花的女兒，大女兒名叫娥皇，是堯王的養女，是堯王出去打獵時在草原上拾到的。小女兒女英，是堯王親生的骨肉，雖說娥皇和女英一親一後，但是堯王對誰也不偏心，非常喜歡自己的兩個女兒，對養女娥皇更是視為己出。

　　到了堯王年老體衰的時候，他自感治國心有餘而力不足，於是將國君位禪讓給舜，並且決定將自己的兩個女兒都嫁給舜。

　　舜是個英俊賢明的君主，在部落裡很受愛戴，也是很多女子心儀的對象。娥皇和女英要一起嫁給舜了，姐妹兩打心眼裡高興。但是堯的妻子想給自己的親生女兒

爭個名分，免得到時候離開自己時女兒吃虧，她想讓女兒女英做舜的正夫人，讓養女娥皇去做偏房，但堯王無論如何也不同意妻子的主張，但是又礙於妻子的情面，堯王只好決定用比賽的形式來決定兩個女兒，看誰更有能力做正房。

　　和群臣商量之後，堯王出了三道考題，並且宣佈取勝的女兒才能做舜的正夫人。

　　第一道考題是煮豆子。堯王分別給兩個女兒十粒豆子和五斤柴火，誰先煮熟誰就獲勝。姐姐娥皇經常在廚房裡幫忙做飯，煮豆子對她而言是輕而易舉，駕輕就熟的事情。她在鍋裡只倒了一點水，豆子很快就煮熟了，而妹妹女英對做飯卻一竅不通，豆子尚未煮熟，柴火已經燒完了，豆子還是生硬的，於是第一局女英失敗了。

　　第二道考題是納鞋底。堯王讓妻子取來一雙鞋底和兩把納鞋用的繩子，分給兩個女兒，規定誰最先納完鞋底誰就取得勝利。姐姐娥皇經常納鞋底做衣服，手藝熟練還有計劃，她將繩子分成五尺一小節，再將布料準備好。

　　娥皇才做完準備工作的時候，女英已納了一尺多繩子了，女英暗中高興心想這一回可要領先了。但是沒想到娥皇雖然動手遲，但速度快，眨眼間娥皇的鞋底已納

了多半隻了。女英一見娥皇超過了自己，越急越出汗，汗水浸濕了繩子，本來繩子長就容易打結，被汗水一濕，更拉的費勁了。時間已到，又是娥皇贏得了比賽的勝利。姐姐娥皇納得平平展展，不僅好看而且十分結實。妹妹女英納的鞋底歪歪扭扭，凹凸不平。堯王看了直皺眉頭，女英的母親更是十分著急。

姐妹倆出嫁的那天很快就來了，大家都喜氣洋洋的準備去送兩個新娘子，但在動身之前，堯王又出了第三道考題：比誰快。姐妹倆誰先到歷山坡南邊舜帝的住處，誰就獲勝。這個時候偏心的堯妻說話了：「娥皇是姐姐，應該坐馬車，三馬拉車顯得很排場。女英是妹妹，就應該騎騾子，一個人騎騾子不會快。」堯王明知妻子很偏心，想據理力爭，但是出嫁的時辰已經到了，再給姐妹倆換同樣的坐騎已經來不及了。

妹妹女英騎騾子，抄近道飛快的趕路，而姐姐娥皇坐著馬車慢慢的前進，沒想到的是，女英走到半路，騾子突然無法繼續前行，氣得女英破口大罵。這個時候娥皇的馬車也恰好趕到了。娥皇見妹妹急成這樣，心疼妹妹，急忙下車把妹妹拉上馬車，兩人在馬車上有說有笑，開開心心地抵達了舜帝的住處。

舜帝與娥皇和女英成親之後，相敬如賓，對兩個妻

子沒有長次偏正之分。姐妹兩人齊心協力共同輔佐舜帝治理天下，為老百姓做了許多好事，傳為美談。

36 湘妃竹的傳說

　　相傳在堯舜時代，湖南九嶷山上居住著九條惡龍，他們住在九座巖洞裡，經常到湘江來戲水玩樂，以致民間洪水暴漲。人們種的莊稼被沖毀了，居住的房屋被沖塌了，老百姓們食不果腹，衣不遮體，叫苦不迭，怨聲載道。

　　舜帝關心百姓的疾苦，他得知惡龍禍害百姓的消息後，心繫南方的百姓們，寢食難安，一心想要到南方去

幫助百姓除害解難，懲治惡龍。

舜帝有兩個妃子——娥皇和女英，是堯帝的兩個女兒。她們雖然出身皇家，又身為帝妃，但她們深受堯舜的影響和教誨，並不貪圖享樂，而總是在關心著百姓的疾苦。她們對舜的這次遠離家門，也是依依不捨，但是，想到為了給湘江的百姓解除災難和痛苦，她們還是強忍著內心的離愁別緒高高興興地送舜踏上了南征惡龍的路。

舜帝走後，娥皇和女英在家等待著他征服惡龍勝利凱旋的喜訊，日夜為他祈禱，早日勝利歸來。可是，一年又一年過去了，燕子不知來去了幾回，也不知花開花落了幾度，舜帝依然杳無音信，她們擔心了。

娥皇說：「莫非他被惡龍所傷，或是病倒他鄉？」

女英說：「莫非他途中遇險，還是山路遙遠迷失方向？」

她們二人想到他一人從北方千里迢迢跑到南方，無人照應，還要對付那九條惡龍，她們思前想後，越想越待不住，就想與其待在家裡久久盼不到音訊，見不到歸人，還不如前去尋找。於是，娥皇和女英迎著風霜，跋山涉水，到南方湘江去尋找丈夫。

她們攜手翻了一山又一山，涉了一水又一水，歷經

千辛萬苦,她們終於來到了九嶷山。她們沿著大紫荊河到了山頂,又沿著小紫荊河下來,找遍了九嶷山的每個山村,踏遍了九嶷山的每條小徑。

這一天,她們來到了一個名叫三峰石的地方,這兒,聳立著三塊大石頭,翠竹圍繞,有一座珍珠貝壘成的高大墳墓。

她們感到疑惑,便問附近的鄉親:「是誰的墳墓如此壯觀美麗?三塊大石為何險峻地聳立?」

鄉親們含著眼淚告訴她們:「這便是舜帝的墳墓,他老人家從遙遠的北方來到這裡,幫助我們斬除了九條惡龍,人民過著安樂的生活,但是他卻鞠躬盡瘁,流盡了汗水,淌乾了心血,受苦受累病死在這裡了。」

原來,舜帝病逝之後,湘江的父老鄉親們為了感激舜帝的厚恩,特地為他修了這座墳墓。九嶷山上的一群仙鶴也為之感動了,它們日日夜夜地到南海銜來一顆顆燦爛奪目的珍珠,撒在舜帝的墳墓上,便成了這座珍珠墳墓。三塊巨石,是舜帝除滅惡龍用的三齒耙插在地上變成的。

娥皇和女英得知事情的原委後,難過極了,二人抱頭痛哭起來。她們悲痛萬分,一直哭了九天九夜,她們把眼睛哭腫了,嗓子哭啞了,眼淚流乾了。最後,眼睛

裡哭出血淚來，也死在了舜帝墳墓的旁邊。

　　娥皇和女英的眼睛裡流出的血淚，灑在了九嶷山的竹子山，竹竿上便呈現出點點淚斑，有紫色的，有雪白的，還有血紅血紅的，這便是「湘妃竹」。竹子上有的像印有指紋，傳說是兩位王妃在竹子上抹眼淚印上的；有的竹子上鮮紅鮮紅的血斑，便是兩位妃子眼中流出來的血淚染成的。

37 河伯治水的故事

　　禹為鯀之子，又名文命，字高密。相傳生於西羌（今甘肅、寧夏、內蒙南部一帶），後隨父遷徙於崇

（今河南登封附近），禹堯時被封為夏伯，故又稱夏禹或伯，是中國第一個王朝——夏朝的建立者，同時也是奴隸社會的創建者。

大禹治水，這裡的水就是指黃河水。據傳黃河水氾濫跟黃河水神河伯有一定的關係。古時候，在華陰潼鄉有個叫馮夷的人，不專心耕種，一心想成仙。他聽說人喝上一百天水仙花的汁液，就可化為仙體，於是就到處找水仙花。

大禹治理黃河之前，黃河的水流到中原，沒有固定的河道，到處漫流，經常氾濫成災。地面上七股八道，溝溝坎坎全是黃河水。馮夷東奔西跑找水仙花，就常渡黃河、跨黃河、過黃河，常在黃河上漫步。轉眼過了九十九天，才找上一棵水仙花，再吮吸一天水仙花的汁液，就可成仙了。

馮夷很得意，又過黃河去一個小村莊找水仙花。這裡的水不深，馮夷趟水過河，到了河中間，突然河水漲了，他一慌，腳下打滑，跌入黃河之中，活活被淹死。

馮夷死後，一肚子冤屈怨氣，咬牙切齒地恨透了黃河，就到玉帝那裡去告黃河的狀。玉帝聽說黃河沒人管教，到處橫流撒野，危害百姓，也很生氣。他見馮夷已吮吸了九十九天水仙花的汁液，也該成仙了，就問馮夷

願不願意去當黃河水神，治理黃河。馮夷喜出望外，滿口答應，這樣一來不但了卻自己成仙的心願，二來還可報被淹死之仇。

馮夷當了黃河水神，人稱河伯。他剛當黃河河神時，起初是為了報一己之仇，不管天帝的囑托，在黃河河底隨意鋪墊，隨便堵截河道，他想把黃河馴服，讓河水隨著自己的意願流，結果是越治越糟，後來到了他自己快控制不了的局勢。這時候他已經是中老年了，也想認認真真治水，替人民做點兒好事了。但他從來就沒有做過治水的事，一下子要擔起治理黃河的大任，又聽說治不好河水自己要受罰，這時候他一籌莫展，束手無策，該怎麼辦呢？

自己道行淺，又沒什麼法寶仙術，只好回去向玉帝討教辦法。玉帝告訴他，要治理好黃河，先要摸清黃河的水情，畫幅河圖，有黃河的水情河圖為依據，治理黃河就省事多了。

河伯按著玉帝的指點，一心要畫幅河圖，他先到了自己的老家，想找鄉親們幫幫忙。但鄉親們都討厭他好逸惡勞，沒人搭理他。後來他找到村裡的後老漢，講了他治理黃河的大志。後老漢見他如今成了仙，要為百姓們做點好事，就答應幫幫他。

從此，河伯和後老漢風裡來雨裡去，跋山涉水，察看黃河水情，兩個人一跑就是好幾年，硬是把後老漢累出病來，這樣後老漢只好回家去，剩下河伯繼續沿黃河察看水情。分手時，後老漢再三囑咐河伯，一定要完成這件事，不可中途而廢，畫好圖就動手治理黃河，人手不夠，他會說服鄉親們幫忙。

　　查水情，畫河圖，是件苦差事，等河伯把河圖畫好，已年老體弱了。河伯看著河圖，黃河哪裡深，哪裡淺；哪裡好沖堤，哪裡易決口；哪裡該挖，哪裡該堵；哪裡能斷水，哪裡可排洪，畫得一清二楚。只可歎自己沒有氣力去照圖治理黃河了，很傷心。河伯想想，總有一天會有能人來治理黃河的，那時，再把河圖授給他，也算自己沒有白操心。

　　河伯從此就在黃河底下安度晚年，再也沒有露面。不料，黃河連連漲水，屢屢氾濫。百姓們知道玉帝派河伯來治水，卻不見他的人影，都罵河伯不盡職盡責，不管百姓死活。

　　後老漢在病床上天天盼河伯，一晃好些年不見面，他對治理黃河的事不放心，要去找河伯。老漢的兒子叫后羿，射箭百發百中，但曾經河伯因為會戀后羿的妻子嫦娥的美貌而把嫦娥逼上了月宮，弄的人家夫妻分離，

后羿對河伯是恨之入骨，所以無論後老漢如何講，后羿都不讓他去找河伯。後來老漢不聽兒子勸阻，結果遇上黃河決口，被沖走淹死，連屍體都找不到。后羿非常恨河伯，咬著牙說，早晚要把河伯射死。

這時正是堯在位的時候，他看見黃河流域發生了很大的水災，莊稼被淹了，房子被毀了，老百姓只好往高處搬。

堯召開部落群體會議，商量治水的問題。他徵求四方部落首領的意見，派誰去治理洪水呢？首領們都推薦鯀，於是堯就派鯀去治理河水。

鯀花了九年時間治水，但沒有把洪水制服，因為他只懂得水來土掩，造堤築壩，結果洪水沖塌了堤壩，水災反而鬧得更凶了。後來舜接替堯當部落群體首領以後，親自到治水的地方去考察。

他發現鯀的治水效果不大，這時候鯀也已經心力憔悴，老態龍鍾，治不了水了，於是舜就讓鯀告老還鄉，又讓鯀的兒子禹去治水。

到了大禹出來治水的時候，河伯決定把黃河河圖授與給他。這一天，河伯聽說大禹帶著開山斧、避水劍來到黃河邊，他就帶著河圖從水底出來，尋找大禹。

河伯和大禹沒見過面，誰也不認識誰。河伯走了半

天，累得正想歇一歇，看見河對岸走著一個年輕人，這
年輕人英武雄偉，想必是大禹，河伯就喊著問起來：
「喂，你是誰？」對岸的年輕人不是大禹，是后羿。他
抬頭一看，河對岸一個仙風道骨的老人在喊，就問道：
「你是誰？」

河伯高聲說：「我是河伯。你是大禹嗎？」

后羿一聽是河伯，頓時怒沖心頭，心想：「踏破鐵
鞋無覓處，得來全不費功夫。河伯你害得我的妻子獨守
月宮，害得我們夫妻分離，害得我的老父淹死在黃河水
裡，我跟你的仇不共戴天。」

后羿冷笑一聲，說：「我就是大禹。」說著張弓搭
箭，不問青紅皂白，「嗖」地一箭，射中河伯左眼。

河伯拔箭捂眼，疼得直流虛汗。心裡罵道：「混帳
大禹，毫不講道理！」

他越想越氣，就去撕那幅水情圖。正在這時，突然
傳來一聲大喊：「河伯！不要撕圖。」

河伯忍痛用右眼一看，對岸一個頭戴斗笠的人，攔
住了后羿，這個人就是大禹，他知道河伯畫了幅黃河河
圖，正要找河伯求教呢！后羿推開大禹，又要搭箭張
弓。大禹用力拉住他，把河伯畫圖的艱辛講了，后羿才
後悔自己冒失莽撞，射瞎了河伯的左眼。

后羿隨大禹一起趟過河，后羿向河伯承認了過錯。河伯知道了后羿是後老漢的兒子，也沒多怪罪。大禹對河伯說：「我是大禹，特地來找你求教治理黃河的辦法。」

河伯說：「我的心血和治河辦法都在這張圖上，現在轉交給你吧！」

大禹展圖一看，圖上密密麻麻，圈圈點點，把黃河上上下下左左右右的水情畫得一清二楚。大禹高興極了。他要謝謝河伯，一抬頭，河伯躍進黃河早沒身影了，只給他留下兩樣東西——斧頭和一根針，據傳這就是後來的開山神斧和定水神針。

大禹得了黃河水情圖，日夜不停，根據圖上的指點，開始治理黃河水道。大禹後來就用河伯送的三件寶物——治河圖、開山神斧和定水神針治理好了黃河水道。從此以後，黃河再也沒有氾濫過。後來大禹因為治水有功，繼承舜的皇位成了皇帝，大禹就是夏朝的第一位皇帝。

啟母石

　　在嵩山腳下，矗立著一塊幾丈高的巨石，這塊巨石中間開裂，這就是啟母石。相傳這就是夏禹的妻子塗山氏變的。因為塗山氏的兒子叫「啟」，所以這塊石頭就叫「啟母石」。在啟母石不遠的地方，立著兩根由大塊方石頭壘成的門柱，相傳這曾經是夏禹的家門口，就叫「啟母闕」。

　　相傳夏禹治水的時候，來到了轘嶺口附近，看到這兒地勢險惡，但是不開鑿又不能疏通水路。於是他為了能儘快鑿開河道，在鑿山時就變成一隻巨大的熊，這樣一來，大禹不論翻山越嶺，挖土掘石，引水導洪，都非常方便有力。

　　大禹每天忙著開鑿石頭，沒有時間回家吃飯，就叫

他的妻子塗山氏給他送飯。他因為妻子懷孕，怕嚇著妻子，就把自己變成熊的事情瞞著她。他跟妻子約定：只要聽見他敲鼓的聲音，就去給他送飯。

塗山氏知道丈夫治水辛苦，就按照他的囑托辦事，每天她聽到咚咚的鼓聲時，就趕緊撐著筏子，把飯送到大禹開山的地方去。這樣，夫妻兩人雖說辛苦，但心裡很快活。

但紙包不住火。有一天，大禹在山坡上行走時，一不小心，腳下踩的幾塊石頭從山上滾下來，正好砸在鼓面上，發出「咚咚」的聲音。大禹因為走的急，也沒在意，只管上山去了。

塗山氏一聽到鼓聲，心裡納悶：今天為什麼丈夫吃飯的時間提早了呢？大概是今天特別累的原因吧，我還是趕緊送飯去吧！於是，她趕緊把飯裝好，急急忙忙撐著筏子給大禹送飯去了。

誰知道，她來到山坡前，左等右等，也不見大禹回來，就往山上爬去。她來到山上往下一看，只見有一頭大黑熊正在山下用力的鑿石推土，開挖河道。

塗山氏看見，大吃一驚，心想：自己的丈夫大禹，怎麼會變成大黑熊了呢？平時自己怎麼沒發現呢？一時間，她不知道該怎麼辦才好，就提起飯籃趕緊往家裡跑。

　　一路上，她又怕又氣，當她快到家門口時，心裡難過的不行，實在走不了了，她就勉強支撐住，站在門口想著心事。漸漸的，不知道過了多長時間，塗山氏就變成了一塊大石頭。

　　再說大禹，快到晌午了，也工作了一整個上午，實在是又累又餓，於是他來到山下，敲起大鼓。可是，他敲了好一會兒，也不見塗山氏給他送飯來。他想：肯定家裡出事了，就趕緊往家裡跑。

　　他回到家裡，四處都不見妻子的影子，只見家門口的山坡上，多了一塊巨大的石頭，旁邊還放著塗山氏的飯籃子。大禹突然想到：妻子一定是知道自己變成熊的事，受不了打擊，變成岩石了。

　　這時大禹後悔不已，對著大石頭說：「塗山氏啊塗山氏，我不該瞞著你。但你也不能這麼想不開呀！你肚子裡還有我的兒子呢，你變成了大石頭，我沒有了兒子，誰來接替我治水呀？」大禹悶悶的坐在巨石邊，絮絮叨叨的說著。

　　突然，轟隆一聲，巨石裂開了，在巨石裂開的地方，跳出來一個小孩。大禹一看，急忙把孩子抱在懷裡。後來，這孩子長大了，大禹就給他取名字叫「啟」。

一生不能錯過的 故事集 中國神話

39 巫山神女

　　在長江邊上，有座神女峰，周圍的山峰正好有十二座，就是巫山十二峰。要說巫山十二峰的來源，還要從王母娘娘的小女兒瑤姬說起。

　　神女瑤姬，是王母娘娘的第二十三個女兒，她心地純潔，相貌美麗。王母娘娘特別疼愛，把她當成最寶貝的掌上明珠。可是，瑤姬偏偏人小心大，多思好動，就像雲中的雁，關不住。她嫌屋裡悶，常悄悄出門，到那瑤池旁去看荷花，攀上蟠桃樹去摘星星，有時候，還偷偷在天河裡游水呢！這些事傳到了王母娘娘耳朵裡。王母娘娘就想勸阻女兒，但又想不出什麼辦法，怕說輕了，她笑；說重了，她噘嘴。

　　一天，王母娘娘來到南天門散心，恰好碰上瑤姬正

撥開白雲朝下邊望。王母娘娘一見，氣得直冒火，說：「天上任你玩，也就算了，怎麼看起下界來，那會污了你的眼，別看！」

瑤姬不信，瞪起大眼，指著下邊飛的白鶴說：「這鶴潔白如玉，天上哪有？我要像它一樣，到處飛，到處走，看看下界到底是什麼樣子？」

王母娘娘見她動了邪念，更火了，大聲喝道：「不要胡思亂想，快回禁宮去！」

瑤姬從沒見過媽媽發這麼大脾氣，感到委屈，又不服氣，她心一橫，往白雲下邊就跳。王母娘娘急忙伸手把她拉住，勉強壓住心頭怒火，將冷臉換成熱臉，開導說：「下界苦海無邊，你是金枝玉葉，千萬下去不得！」

瑤姬越發覺得稀奇，就乾脆坐在雲頭上，朝下細看，果然看見人們大多是住茅屋，吃糠菜，穿破衣爛衫。她歎氣說：「是真苦啊！」王母娘娘一聽，暗暗高興，又說：「還是天上好，有吃不完的山珍海味，穿不完的綾羅綢緞……」

不料王母娘娘越說，瑤姬卻越覺得刺耳；王母娘娘越比，瑤姬越不好過。她拿定了主意：到下界去！

她來到巫山下，碰上很多的人，扶著討飯棍，揹著破竹籃，挽著老的，背著小的，哭哭啼啼，往外逃難。

瑤姬正想上前打聽，忽見上空烏雲滾滾，狂風呼嘯，有十二條孽龍正在興風作浪。它們打雷閃電，翻雲覆雨，讓山搖地動，洪水氾濫，淹沒了農田，沖毀了房屋，打翻了漁船。

瑤姬趕緊駕雲，靠近那些孽龍，好言好語，勸說它們回東海裡去。孽龍聽到空中有說話的聲音，抬頭一看，只見白雲馱著一個十七八歲的姑娘。它們說：「黃毛丫頭，你懂什麼，別多嘴！我們高興怎麼玩，就怎麼玩，關你什麼事？」一邊說，一邊鬧，翻騰得更凶了。

瑤姬再也忍不住了，從頭上輕輕拔下了一支碧玉簪，朝著十二條孽龍一揮，一道閃光之後，立刻風停雨住，雲散天開，十二條孽龍全死了，墜落到地上。

可是孽龍死後還害人，它們的屍體變成了十二座高山，就是巫山，擋住東去的江水，這裡便成了一片海洋，百姓們還是不能安居樂業。瑤姬看到百姓受苦，不忍離開他們，也就留下來了。

後來，大禹到這裡來劈山開峽。瑤姬知道了，便交給他一本《黃綾寶卷》，教他用錘、釺鑿石，造車、船運土。大禹在她的幫助下，帶領眾人，鑿石運土，苦累了幾年，最後把三峽開通了，使得江水流進了大海。

再說，王母娘娘知道瑤姬殺死了十二條孽龍，是又

氣又恨。但聽說她留在荒山野谷，卻又很心疼。於是，她把天上的二十二個女兒找到跟前，對她們說：「我想念小閨女，你們快到人間走一遭，把她找回來！」

二十二個姑娘便乘雲駕霧來到巫山，找到了瑤姬。姐妹們久別重逢，又是喜，又是悲，個個都成了淚人兒。姐姐們對她說：「媽媽想念妹妹，想得心都快碎了，你還是和我們一起回去吧！」

瑤姬說：「女兒望媽媽，眼睛也望穿了，但我不能回去，我要照顧受苦的百姓。」

姐姐們埋怨說：「人往高處走，水向低處流！你怎麼不愛天宮、龍宮，偏要待在這荒山野谷裡呢？」

「姐姐，你們看，百姓在受苦，我能忍心走開不管嗎？」瑤姬一邊說，一邊指著遠處。只見那山坡上，有虎豹追人，越追越近，就快要追到了。瑤姬趕緊彎腰抓把泥沙，撒過去。泥沙變成了幾十支箭，把虎豹射死了。

看到這，有幾個姐姐點了點頭，便不再勸瑤姬回去了。一會兒，山腳下有人爬上來，一步一哼哼，抬腳像登天，病得快死了。瑤姬馬上從頭上拔下幾根頭髮，撒在他的面前。頭髮立刻變成了起死回生的靈芝草，救了他的命。看到這，又有幾個姐姐點了點頭，不再勸瑤姬回去了。

一會兒，江裡又過來了上水船，縴夫的腰都快彎到了地上。瑤姬慌忙朝西吹了口氣，立時刮起了順帆風，讓船飛馳起來。看到這，姐姐們都點了點頭，不再勸瑤姬回去了。

眼看著姐姐們都體諒了她，瑤姬很高興，正要勸她們自己回去，忽見田裡的禾苗一片枯黃，不由得又皺緊了眉頭。瑤姬想，天旱得太厲害了，以後人們的日子怎麼過呀？瑤姬想著想著，難過得哭了，流下的眼淚，頓時變成了雨，嘩啦啦，嘩啦啦，下個不停，很快就把塘下滿了，把堰下平了，禾苗得到雨水的滋潤，田裡又是一片青翠。

姐姐們看得眉開眼笑，都紛紛議論起來，有的覺得應該幫助百姓，願意陪著瑤姬留下來；有的離不開媽媽，不贊成。瑤姬數了數，一邊十一個，正好是對半。她說：「媽媽年紀大了，要照顧，百姓們太苦了，要保佑。姐姐們就一半回天上，一半留人間吧！」

於是，大家高高興興地分手了，留下來的是翠屏、朝雲、松巒、集仙、聚鶴、淨壇、上升、起雲、飛風、聖泉、登龍和瑤姬自己。後來，她們便變成了巫山十二峰。

緊臨著長江，聳入藍天的是望霞峰，又叫神女峰。

透過繚繞的煙雲，可以看到那峰頂上有一個俊秀美麗的影子，若隱若現，像石頭又像人，在天上又在人間，那就是神女瑤姬。

七竅玲瓏心

　　相傳商紂王是中國歷史上有名的暴君，他被狐狸精附身的寵妃妲己所迷惑，驕奢淫逸，殘害忠良。

　　紂王的叔父比干，是個非常正直的人。相傳他小時候，唸書非常勤奮，走在路上都不忘了學習。有一天，比干一邊看書一邊往家裡走，忽然女媧娘娘出現在他面前，賜給他一顆光彩奪目的七竅玲瓏心，說是為了讓他

將來能更好地輔佐國君治理國家，作個正直的大臣。

可是紂王荒淫無道，比干屢次勸說紂王廢掉妲己，紂王不聽，一如既往的荒淫下去。後來，比干用竹箭射殺了許多狐狸，用它們的皮毛做成一件狐皮大衣獻給妲己，希望能震懾妲己，讓她有所收斂，不要再蠱惑紂王。可是妲己不但不悔過，反而懷恨在心。

有一天，紂王和妲己在摘星樓飲酒作樂，妲己忽然昏死過去，紂王一下子慌了，趕忙把她抬到龍床上，立刻叫人去傳太醫。

太醫看了之後說：「娘娘的病可以治，但是必須有一樣東西作藥引。」

紂王連忙問道：「要用什麼東西作藥引？儘管說，沒有我辦不到的。」

太醫沉吟了一會，才說：「聽說比干有一顆七竅玲瓏心，那是世間極品，如果用它作藥引，娘娘就可以藥到病除了。」紂王一聽，立刻就把比干傳來，跟他說要借他的心用。

比干被昏王氣得七竅生煙，竟然為了一個妃子，連自己的親叔父也要殺害，當下什麼話都不說，掏出一把匕首就把自己的心挖了出來，扔在地上，頭也不回地走了。

原來妲己故意裝病，卻讓另一隻小狐狸變成太醫，騙紂王挖了比干的心。比干挖心之後還沒死，他一邊往家裡走，一邊想起女媧娘娘的話：「將來若是心被挖了，遇到第一個賣空心菜的人，你就問他：「菜無心能活，人無心，能活嗎？」如果他回答說『能活』，那你就沒事了。」

　　比干走在路上，那個剛才變成太醫的小狐狸又變成一個賣菜的老太婆，裝了一籃子空心菜，抓住比干要他買，比干就問她：「菜無心能活，人若無心，能活麼？」老太婆嘴一撇：「人沒有了心，當然活不了！」比干一聽，立刻就口吐鮮血，倒在地上死了。

　　後來，姜子牙輔佐周武王滅了商紂，斬了妲己，建立了周朝。於是搭了一座封神台，把那些在滅商之戰中戰死的功臣將士封為天上的神仙，那些戰死的士兵都成了天兵天將。比干雖然不是戰死的，但是他也是一代忠臣，姜子牙便封他為文曲星。

哪吒出世

　　話說陳塘關有一總兵官，姓李，名靖，自幼訪道修真，拜西崑崙度厄真人為師，學成五行遁術。因仙道難成，故遣下山輔佐紂王，官居總兵，享受人間之富貴。元配殷氏，生有二子：長曰金吒，次曰木吒。殷夫人後又懷孕在身，已及三年零六個月，尚不生產，李靖時常心下憂疑。

　　一日，他指著夫人的肚子說：「你都懷孕有三年多了，還不降生，非妖即怪。」

　　夫人聽了也很煩惱地說：「真不是好兆頭啊，我也是日夜擔心哪！」李靖聽後，心裡很不高興。當晚夜裡三更時分，夫人睡得正香，夢見一道人，頭挽雙髻，身著道服，走進廂房。

夫人叫到：「你這道人怎麼不懂禮貌，這是女人的房間你怎麼能隨便出入，簡直太可惡了！」

道人說：「夫人快接麟兒！」

夫人還沒來得及回答，只見道人將一物往夫人懷中一送，夫人猛然驚醒，嚇出了一身冷汗。於是急忙叫醒李總兵說：「剛才夢中……如此如此……」說了一遍。話還沒說完，殷夫人已覺腹中疼痛。

李靖著急了起來，到前廳坐下。暗想：「懷孕三年零六個月，今夜如此，莫非真要生了，吉凶尚未可知啊！」

正在想著，只見兩個侍女，慌忙前來稟告：「啟稟老爺：夫人生出一個妖精來了！」

李靖一聽，急忙來到廂房，手執寶劍，只見房裡一團紅氣，滿屋異香。有一肉球，滴溜溜圓轉如輪。李靖大驚，往肉球上一劍砍去，劃然有聲。分開肉球，跳出一個小孩來，滿地紅光，面如傅粉，右手套一金鐲，肚腹上圍著一塊紅綾，金光射目。

李靖見砍開肉球後，這孩兒滿地上跑。李靖驚訝著上前一把將其抱起來，分明是個好孩子，又不忍心把他當作妖怪傷了他性命，於是將其遞給夫人看。夫妻兩恩愛不捨，非常驚喜。等到第二天，有許多屬官，俱來賀

喜。

李靖剛招待完畢，中軍官來稟告：「啟稟老爺：外面有一道人求見。」

李靖原是道門，怎敢忘本，忙道：「請來。」中軍官急請道人。

道人走進大廳對李靖說：「將軍，貧道稽首了。」李靖忙答禮畢，尊道人上坐。道人不謙，便就坐下。

李靖問道：「老師何處名山？什麼洞府？今到此關，有何見諭？」

道人回答：「貧道乃乾元山金光洞太乙真人是也，聞得將軍生了公子，特來賀喜，借令公子一看，不知尊意如何？」

李靖聞道人之言，隨喚侍兒抱將出來。侍兒將公子抱將出來，道人接在手，看了一看，問：「此子落在那個時辰？」

李靖答：「生在丑時。」

人突然說：「不好。」

李靖忙問：「此子莫非養不得嗎？」

道人說：「非也？此子生於丑時，正犯了一千七百條殺戒。」

又問：「此子可曾起名否？」

李靖答道：「不曾。」

道人說：「待貧道與他起個名，就與貧道做個徒弟，何如？」

李靖答：「願拜道者為師。」

道人問道：「將軍有幾位公子？」

李靖答：「不才有三子：長子叫金吒，拜五龍山雲霄洞文殊廣法天尊為師；次子叫木吒，拜九宮山白鶴洞普賢真人為師。老師既要此子為門下，但憑起一名諱，便拜道者為師。」

道人手捋著鬍子想了想說：「此子第三，就取名叫做『哪吒』吧！」

李靖謝過道人，正要喚左右看齋，道人便執意離去，李靖只得送道人出府。那道人別過，逕自去了，至此，哪吒便來到了人世間。

42 哪吒大鬧龍宮

　　日子過得很快，轉眼間七年過去了，哪吒已經七歲了，身長六尺。時逢五月，天氣炎熱，三公子哪吒見天氣暑熱，心下煩躁，來見母親，參見畢，站立一旁，對母親說：「孩兒要出關外閒玩一會，稟過母親，方敢前去。」

　　殷夫人愛子之心重，便叫：「我兒，你既要去關外閒玩，可帶一名家將領你去，不可貪玩，快去快來，恐怕你爹爹操練回來。」

　　哪吒應道：「孩兒曉得。」

　　哪吒與家將出得關來，約行一里之餘，天熱難行。哪吒走得汗流滿面，看到前面有片樹蔭，哪吒不覺大喜，便走進林內，解開衣帶，舒放襟懷，甚是快樂。忽

然聽見旁邊有流水的聲音，哪吒立起身來，走到河邊，於是脫了衣裳，坐在石上，把七尺混天綾放在水裡，沾水洗澡。因不知這河是九灣河，乃東海口上。哪吒將此寶放在水中，把水俱映紅了。擺一擺，江河晃動；搖一搖，乾坤動撼。那哪吒洗澡，不覺那水晶宮已晃得亂響。

此時，東海龍王敖廣正在水晶宮，只聽得宮闕震響，敖廣忙喚左右，問到：「地不見震，為何宮殿晃搖？」傳與巡海夜叉李艮，看海口是何物作怪。夜叉來到九灣河一望，見水俱是紅的，光華燦爛，只見一小兒將紅羅帕蘸水洗澡。夜叉分水，大叫到：「那孩子將什麼作怪東西，把河水映紅，宮殿搖動？」

哪吒回頭一看，見水底出現一怪物，哪吒說道：「你這畜生，是個甚東西，也說話？」

夜叉大怒，「你敢罵我是畜生？」分水一躍，跳上岸來就朝哪吒頭頂上一斧劈來。哪吒正赤身站立，右手套的乾坤圈往空中一舉，夜叉哪裡經得起，那寶打將下來，正落在夜叉頭上，只打的腦漿迸流，即死於岸上。

哪吒笑道：「把我的乾坤圈都污了。」於是又在石上坐下，洗那圈子。

水晶宮怎經得起此二寶震撼，險些兒把宮殿都晃倒了。

　　敖廣正在想出去巡海的夜叉還沒有回來，只見龍兵來報：「夜叉李艮被一孩童打死在陸地，特啟龍君知道。」

　　敖廣大驚，「李艮乃靈霄殿御筆點差的，誰敢打死？」

　　敖廣傳令：「點龍兵，待吾親去，看是何人！」話未了，只見龍王三太子敖丙出來，口稱：「父王，為何大怒？」

　　敖廣將李艮被打死的事說了一遍。三太子說：「父王請安。孩兒出去拿來便是。」忙調龍兵，逕出水晶宮來。平地水長數尺，哪吒起身看著水，只見波浪中出現一水獸，獸上坐一人，大叫到：「是誰打死我巡海夜叉李艮？」

　　哪吒回答道：「是我。」

　　敖丙一見，問到：「你是何人？」

　　哪吒答：「我乃陳塘關李靖第三子哪吒是也。」

　　三太子敖丙大驚道：「大膽潑賊！夜叉李艮乃天王殿差，你敢大膽將他打死，尚敢撒潑亂言！」太子拿畫戟便刺，來取哪吒。

　　哪吒手無寸鐵，把頭一低，躲將過去，「少待動手，你是何人？通個姓名，我有道理。」

　　敖丙說道：「我乃東海龍君三太子敖丙是也。」

哪吒笑道：「原來你是敖廣之子，你妄自尊大，若惱了我，連你那老泥鰍都得出來，把他的皮也剝了。」

三太子大叫一聲：「氣死我了！大膽潑賊！這等無禮！」又一戟刺來。

哪吒急了，把七尺混天綾往空一展，似火塊千團，往下一裹，將三太子避下逼水獸來。哪吒搶一步趕上去，一腳踏住敖丙的頸項，提起乾坤圈，照頂門一下，把三太子的元身打出，是一條龍，在地上挺直。

哪吒說道：「打出這小龍的本像來了。也罷，把他的筋抽去，做一條龍筋絛與俺父親束甲。」

哪吒把三太子的筋抽了，逕帶進關來，回到家就往後園去了。

而此時敖廣在水晶宮正在等候兒子的消息，只聽得龍兵來報說：「陳塘關李靖之子哪吒把三太子打死，連筋都抽去了。」

敖廣聽報，大驚道：「將我兒子打死，真是百世之冤，怎敢又將我兒子筋都抽了！言之痛心切骨！」敖廣大怒。

於是敖廣化作一秀士，逕往陳塘關來。此時李靖坐於後堂正在那裡為國事煩惱，門官來報：有故人敖廣拜訪。李靖聽了忙整衣來迎。敖廣進了大廳，施禮坐下。

李靖見敖廣一臉怒色，方欲動問，只見敖廣說道：「李賢弟，你生的好兒子！」於是便把哪吒打死夜叉李艮，打死三太子並抽了他的筋的事一五一十的都說了出來，李靖說：「真是異事非常，長兄不必性急，待我叫他出來你看。」

李靖往後園尋找哪吒，哪吒聽見父親喊他忙出來。李靖便問：「我兒，你在此作何事？」

哪吒回答說：「孩兒在此打一條龍筋條，與父親束甲。」

這可把李靖嚇得張口如癡，結舌不語，半晌，大叫道：「好冤家！你惹下無涯之禍。你快出去見你伯父，自回他話。」

哪吒說：「父親放心，不知者不怪罪，筋又不曾動他的，他要元物在此，待孩兒見他去。」

哪吒急走來到大廳，向敖廣道歉並將三太子的元筋獻上，敖廣見物傷情，對李靖說：「你生出這等惡子，你還護著他，我明日奏上玉帝，問你父子之罪！」

敖廣徑自揚長而去。李靖頓足放聲大哭：「這禍不小！」

哪吒見父母哭泣，立身不安，雙膝跪下，說道：「爹爹，母親，孩兒今日說了罷。我不是凡夫俗子，我

是乾元山金光洞太乙真人弟子。我如今往乾元山上，問我師尊，必有主意。常言道：『一人做事一人當。』豈敢連累父母？」哪吒出了府門，抓一把土，往空中一灑，寂然無影。

哪吒借土遁來至乾元山金光洞，哪吒向師傅說明情況，真人想了一會說：「雖然哪吒無知，誤傷敖丙，這是天數。今敖廣雖是龍中之王，只是步雨行雲，然上天垂象，豈得推為不知！以此一小事幹瀆天庭，真是不諳事體！」忙叫：「哪吒過來，你把衣裳解開。」

真人以手指在哪吒前胸畫了一道符籙，吩咐哪吒：「你到寶德門……如此如此。事完後，你回到陳塘關與你父母說，若有事，還有師父，絕不干礙父母。你去罷。」

哪吒離開乾元山後，逕往寶德門來。哪吒到了寶德門，來的尚早，不見敖廣，又見天宮各門未開，哪吒站立在聚仙門下。不多時，只見敖廣朝服叮噹，逕至南天門。哪吒看見敖廣，敖廣看不見哪吒——哪吒是太乙真人在他前心書了符籙，名曰「隱身符」，故此敖廣看不見哪吒。哪吒看見敖廣在此等候，心中大怒，於是便把它打得半死。

東海龍王回到東海非常生氣，於是便請來三位兄

弟，共商報復之計。

第二天，四海龍王帶領水兵水將興風作浪，水淹陳塘關，要李靖交出哪吒才肯收兵。哪吒想要反擊，遭到李靖的阻攔，並收去哪吒的兩件法寶。哪吒為了全城百姓的安危，挺身而出，悲憤自刎。事後，太乙真人借蓮花與鮮藕為身軀，使哪吒還魂再世。復生後的哪吒手持火尖槍、腳踏風火輪，大鬧龍宮，戰敗龍王，為民除害。

43 牛郎織女鵲橋相會

天河的東邊有一顆漂亮的星叫牽牛星。牽牛星兩邊有兩個不太亮的小星，叫兒女星。離牽牛星稍遠的地

方，有顆比較亮的星叫榴子星。天河的西邊有一顆最亮的星叫織女星，他的一邊還有顆梭頭星。天上為什麼會有這樣命名的幾顆星呢？故事還得從地上的牛郎織女說起。

牛郎與織女的淒美愛情故事，大約是發生在西周時代的奴隸社會，當時等級制度十分嚴苛，這個故事就是普通人追求幸福的心聲與飽受壓抑的寫照，託言於天上的雙星，其實也就是人間的實情。

據說在西周時齊地，也就是如今山東一帶，有一戶貧苦人家，父母早喪，幼弟依兄嫂度日，每日出外牧牛，因此人們都稱他為「牛郎」。

牛郎漸漸長大了，他的嫂子總是對他不好不讓他吃飽穿暖，還動不動就罵他，於是他牽著一條老黃牛邊走邊哭流浪到一片荒山下結茅而居。每天雖然挨著餓，但他總是想盡辦法去找野果吃，也把老黃牛放的飽飽的。

然而一直跟隨他的老黃牛卻來歷不凡，它是天上的金牛星，因觸犯天條而被謫降至人間受苦受難，因為有感於小主人牛郎對它的飼養和愛護，除了感恩圖報辛勤耕作外，還挖空心思想要為牛郎撮合一段美滿的良緣。

終於有一天，金牛星得知天上的七仙女，時常結伴

到人間來溜躂，甚至在東邊山谷中的明鏡湖裡沐浴。於是便在夜間托夢給牛郎，要他第二天清晨天未明時到湖畔，趁仙女們戲水時，拿走一件紅色的衣衫，便會獲得一位美麗的仙女做妻子。

第二天一大早，牛郎將信將疑地翻山越嶺來到山谷湖邊，在曉霧瀰漫中，果然瞥見七個絕色美女在湖中嬉戲，粉裝玉飾，雲鬢花顏，不覺為之心神蕩漾；湖邊的石板上放著一堆衣服，牛郎旋即抱起一件粉紅衣衫，躲進樹叢中，又用力咳嗽了兩聲。

那群嬉戲玩耍的仙女一聽有人來了，趕忙穿衣繫裙，輕飄飄地離開大地，騰雲走了。湖邊留下一個非常美麗的姑娘，著急得大叫：「我的裙子呢，我的裙子呢？」

牛郎從樹叢裡走出來說：「姑娘，你的裙子在這裡！」這個被搶走衣衫而無法返回天庭的仙女就是織女，是王母娘娘的僕女，專給老天爺織繡衣裳。

織女羞得滿臉通紅地說：「大哥，我沒有裙子回不了家啊！」牛郎一聽抱起了裙子就往家跑，織女只好跟在後邊。就這樣牛郎與織女，一個是誠實憨厚，壯碩俊朗的少年農夫，一個是美艷如花，柔情似水的天上仙女，生活在了一起。男耕女織，勤勤儉儉，日子過得非

常甜蜜。

　　然而幸福的生活過得總比痛苦的生活要快一些，時光荏苒，眨眼三年，織女已為牛郎生了一男一女兩個孩子，老黃牛已死，留下的一對牛角掛在牆上，牛郎捨不得老黃牛，天天對著牛角發楞。

　　織女私自偷下凡間的事終於被王母娘娘知道，命令天兵天將把她拘回了天宮裡，一對小兒女天天哭著要媽媽，牛郎肝腸寸斷，想著曾給過他無限幫助和關懷的老黃牛，抱著牛角痛哭。

　　誰料一不小心，牛角掉到地上，奇蹟發生了，這兩隻牛角竟然變成兩隻籮筐，牛郎把兩個孩子放入籮筐中，準備一肩挑起，尋找嬌妻，一陣清風吹過，兩隻籮筐像兩隻強有力的翅膀，驀然平地飛昇，騰雲駕霧，風馳電掣般地飄飛在霄漢之中，眼看嬌妻就在前面，牛郎奮力追趕，眼看趕上了，卻被王母娘娘察覺，拔下頭上的金釵，在牛郎與織女之間一劃，立刻出現了波濤洶湧，白浪滔天地銀色河川。

　　牛郎想從河裡跑過去，卻沒有力氣，他一急，見到竹筐裡放著一個牛梭頭，就拿著使勁朝織女扔去，牛梭頭不偏不斜落在織女身邊。

　　牛郎大聲喊著：「看見梭頭別忘了我！」

織女忙從袖子裡取出織布榴子扔向牛郎，還說：「每月初七來看我！」織女沒扔準，織布榴子落在了離牛郎很遠的地方，牛郎只顧招呼接織布榴子了，把每月初七聽成每年七月初七了。

從此，牛郎織女一個在河東，一個在河西，只能淚眼盈盈，隔河相望，天長地久，玉皇大帝和王母娘娘也拗不過他們之間的真摯情感，只能准許他們每年七月七日相會一次，相傳，每逢七月初七，人間的鵲鳥非常同情牛郎與織女的情真意摯就飛上天去，在銀河為牛郎織女搭鵲橋相會。

此外，七夕夜深人靜之時，人們還能在葡萄架或其他的瓜果架下聽到牛郎織女在天上的脈脈情話。「鵲橋崔鬼河宛轉，織女牽牛夜相見。」據說七夕過後，鵲鳥的羽毛都會七零八落地脫掉不少，就是因為辛苦搭橋的緣故。

西王母的蟠桃仙子

　　杭州西湖妙庭觀附近有一座望仙橋，宋代紹興年間有位道士董元行在附近土層中挖到一塊奇妙的銅牌，上面殘留著隱隱約約的文字：「我有蟠桃樹，千年一度生，是誰來竊去？須問董雙成。」董雙成就是傳說中的西王母的蟠桃仙子，望仙橋就是她丹成得道，自吹玉笙，駕鶴仙去的地方。

　　董雙成本來是西周時代錢塘江畔的一位絕色美女，渾身上下洋溢著一份靈秀的氣韻。她的先祖是商朝的吏官，商朝滅忙後定居錢塘江畔，在飛來峰下種桃成林，結廬而居。生活悠然自得過著神仙般的生活。

　　董雙成從小生活在這種環境下自然受到了陶冶，身體柔弱的董雙成酷愛桃花，如癡如醉。隨著董雙成日漸

長大，長得也越來越俊美。有一天，忽然異想天開，把採摘下來的桃花和山中的芝草配在一起煉製丹藥。剛開始這種丹藥只能清痰化氣，經過長時間的研究煉製，逐漸在火候及配方上有了大幅度的改進。所提煉的丹藥，竟然能夠治療多種內科病症，不久周圍慕名而來董家討藥的人越來越多。從採集原料到守爐煉丹，董雙成經常忙得不可開交，偶有閒暇，便吹笙自娛。

在一個春光明媚的午後，董雙成煉成了一爐「百花丹」，異香撲鼻，傳播數里之外，自己吃了幾粒後，馬上覺得神清氣爽，精神百倍，取笙吹奏，百鳥群集，盤旋飛舞，董雙成精神越來越清爽，越來越旺勁，忍不住高歌一曲，聲徹雲霄，引來仙鶴翩然而降，匍匐階下，心有靈犀，董雙成一步跨上鶴背，仙鶴馱著她冉冉飛昇，驚嚇到附近的民眾，都只知癡癡地傻看。

在西邊崑崙山上的瑤池畔住著赫赫有名的王母娘娘，那一隻仙鶴載著董雙成愈飛愈遠，來到了崑崙山，就這樣董雙成做了王母娘娘的仕女。此外，董雙成被王母娘娘受命看守蟠桃，蟠桃是一種枝椏蟠曲的異種桃樹，三千年才結果一次是仙宮中的極品珍果，從平時的培養與保護，到果品的採摘和分配，均由董雙成負全責，每值瑤池盛會，西王母賜給群仙的蟠桃，都是經由

董雙成的纖纖玉手而來，就這樣董雙成成了一名神仙掌管著王母娘娘的蟠桃園。

　　明代以後，雖然歷史中不再出現她的事跡，然而舞台上及繪畫中，卻大量扮演及描摩她的形象，杭州城裡的望仙橋和崑崙山上的瑤池，總給人無限暇思。

45 名劍干將莫邪的傳說

　　春秋時，吳楚邊境的平川上，住著一對恩愛的夫婦，男的叫干將，女的叫莫邪。干將心靈，莫邪手巧，他倆是鑄劍的名工，劍鑄得寒光閃閃，十分鋒利。

　　那時正值天下混亂，各國君主都想盡辦法求神兵利

器。干將能鑄劍的事情被楚王知道了。有一天，楚王把干將叫去，給了他一塊生鐵，說這是王妃夏天晚上納涼，抱了鐵柱，心有所感，懷孕生出來的怪東西，看起來這鐵不同尋常，可否用它來打造兩口寶劍。

干將恭恭敬敬地接過王妃生產的鐵，仔細端詳了一番，說：「大王，鐵是塊好鐵，只是用來鑄造兩口寶劍，就怕不夠呢！」

楚王說：「我這兒還有點寶貝呢！」說著，他從袍袖掏出幾粒烏黑晶亮、比蠶豆稍大的東西，遞給干將。又說，「這是鐵膽腎，是從吾國的兵器庫中得來的，千金難買的寶貝呀！那產銅的昆吾山同時又生產一種獸，有兔子那般大小，雄的毛色金黃，雌的毛色銀白，它們既吃紅沙石，又吃銅鐵。它們不知怎地鑽進了兵器庫中了，沒過多久，兵刃器械就差不多被吃光了，外面的封署卻依然如故。

後來，孤王檢查兵器庫的時候，才把這兩隻怪獸捉住，剖開它們的肚子一看，才發現了幾粒罕見的鐵膽腎，這才知道兵器都被這兩隻動物吃掉了。這鐵膽腎可是鐵的精華所在呀！你將這些拿去，一定要給孤王鑄造出一對削鐵如泥、吹風斷髮、能飛起殺人的寶劍！」

干將便將王妃生產的鐵以及鐵膽腎帶回家中。他不

敢怠慢，忙與懷孕的妻子莫邪一同架起洪爐，裝好風箱。干將另外還採集了五方名山鐵的精華，和王妃生產的鐵和鐵膽腎混合在一起。然後，他候天時，察地利，等到陰陽交會、百神都來參觀的時候，便開始鼓爐鑄劍。

夫妻倆在爐旁日以繼夜地工作了三個月，不料天氣突然發生變化，氣溫驟然下降，鐵汁凝結在爐膛裡不消融了。

干將歎了一口氣，莫邪也流出了眼淚。莫邪知道干將為什麼歎氣，因為爐中採自五山六合的金鐵之精無法熔化，鐵精不化，劍就無法鑄成。干將也知道莫邪為什麼流淚，因為劍鑄不成，自己就得被楚王殺死。

就這樣，等到春暖花開的時候，莫邪生了一個男孩，干將依舊歎氣，而在一天晚上，莫邪卻突然笑了。看到莫邪笑了，干將突然害怕起來，干將知道莫邪為什麼笑，干將對莫邪說：「莫邪，你千萬不要去做。」莫邪沒說什麼，她只是笑。干將醒來的時候，發現莫邪沒在身邊。干將如萬箭穿心，他知道莫邪在哪兒，因為熔爐裡的鐵水融了，裡面有莫邪的氣息。

鐵水熔化，劍順利鑄成，一雄一雌，取名干將莫邪，干將只將「干將」獻給楚王。干將私藏「莫邪」的消息很快被楚王知曉，武士將干將團團圍住，干將束手

就擒,他打開劍匣絕望地向裡面問道:「莫邪,我們怎樣才能在一起?」劍忽從匣中躍出,化為一條清麗的白龍,飛騰而去,同時,干將也突然消失無蹤。

在干將消失的時候,楚王身邊的「干將」劍也不知去向。而在千里之外的荒涼的貧城縣,在一個叫延平津的大湖裡突然出現了一條年輕的白龍。這條白龍美麗而善良,為百姓呼風喚雨,荒涼的貧城縣漸漸風調雨順,五穀豐登,縣城的名字也由貧城改為豐城。可是,當地人卻時常發現,這條白龍幾乎天天都在延平津的湖面張望,像在等待什麼,有人還看到它的眼中常含著淚水。

六百年過去了。一個偶然的機會裡,豐城縣令雷煥在修築城牆的時候,從地下掘出一個石匣,裡面有一把劍,上面赫然刻著「干將」二字,雷煥欣喜異常,將這把傳誦已久的名劍帶在身邊。

有一天,雷煥從延平津湖邊路過,腰中佩劍突然從鞘中跳出躍進水裡,正在雷煥驚愕之際,水面翻湧,躍出黑白雙龍,雙龍向雷煥頻頻點頭意在致謝,然後,兩條龍脖頸親熱地糾纏廝磨,雙雙潛入水底不見了。

在豐城縣世代生活的百姓們,發現天天在延平津湖面含淚張望據說已存在了六百多年的白龍突然不見了。而在第二天,縣城裡卻搬來了一對平凡的小夫妻。丈夫

是一個出色的鐵匠，技藝非常精湛，但他只用心鍛打掙不了幾個錢的普通農具，卻拒絕打造有千金之利的兵器，在他工作的時候，他的小妻子總在旁邊為他扇扇子，擦汗水。

46 趙州橋的傳說

古時候的趙州，就是現在河北的趙縣，趙州有兩座石橋，一座在城南，一座在城西。城南的大石橋，看去像長虹架在河上，壯麗雄偉，城西的小石橋，看去像浮游在水面上的一條小白龍，活靈活現，據傳說，大橋是魯班修的，小橋是魯班的妹妹魯姜修的。

　　相傳，魯班和他的妹妹周遊天下，走到趙州，一條白茫茫的洨河攔住了去路。河邊上推車的，挑擔的，賣蔥的，賣蒜的，騎馬趕考的，拉驢趕會的，鬧鬧攘攘，爭著要過河進城。可是河裡只有兩隻小船擺來擺去，半天也過不了幾個人。

　　魯班看了，就問：「你們怎麼不在河上修座橋呢？」

　　人們都說：「這河又寬、水又深、浪又急，誰敢修呀！」

　　魯班聽了心裡一動，和妹妹魯姜商量好，要為來往的行人修兩座橋。

　　魯班對妹妹說：「咱們先修大石橋後修小石橋吧！」

　　魯姜說：「行！」

　　魯班說：「修橋是件苦差事，你可別怕吃苦啊！」

　　魯姜也是女中豪傑，她拍拍胸脯說：「不怕！」

　　魯班說：「不怕就好。你心又笨，手又拙，再怕吃苦就麻煩了。」

　　這一句話可把魯姜惹得不高興了。她不服氣地說：「你別直嫌我心笨手拙，今天咱倆分開修，你修大的，我修小的，和你比一比，看誰修得快，修得好。」

　　魯班說：「好，何時動工，何時修完？」

　　魯姜說：「天黑出星星動工，雞叫天明收工。」

一言為定後，兄妹分頭準備。

天一黑，魯班不慌不忙往西向山裡走去了。魯姜到了城西，急急忙忙就動手。她一邊修一邊想：甭忙，非把你比下不可。果然，三更沒過，魯姜就把小石橋修好了。她悄悄地跑到城南，看看她哥哥修到什麼樣子了。

魯姜來到城南一看，河上連個橋影兒也沒有，魯班也不在河邊。她心想哥哥這回輸定了。

突然聽到西面有動靜，回頭一看，西邊太行山上，有一個人趕著一群綿羊，蹦蹦竄竄地往山下來了，等走近了一看，原來趕羊的是她哥，趕來的是一塊塊像雪花一樣白、像玉石一樣光潤的石頭，這些石頭來到河邊，一眨眼的功夫就變成了加工好的各種石料。有正方形的橋基石，長方形的橋面石，月牙形的拱圈石，還有漂亮的欄板，美麗的望杜，凡是橋上用的，應有盡有。

魯姜一看心裡一驚，這麼好的石頭造起橋來該有多結實呀！相比之下，自己造的那個太粗糙了，需要趕緊想法補救。重修來不及了，就在雕刻上下功夫贏過他吧！她悄悄地回到城西動起手來，在欄杆上刻了盤古開天、大禹治水，又刻了牛郎織女、丹鳳朝陽。什麼珍禽異獸，奇花異草，都刻得像真的一樣。她自己看著這些精美的雕刻滿意極了，就又跑到城南去偷看魯班。乍一

看呀，不覺驚叫了一聲，天上的長虹，怎麼落到了河上？定神再仔細一瞧，原來哥哥把橋造好了，只差安好橋頭上最後的一根望柱。

她怕哥哥打賭贏了，就跟哥哥開了個玩笑。她閃身蹲在柳棵子後面，捏住嗓子伸著脖，「咕咕哏——」學了一聲雞叫。她這一叫，引得附近老百姓家裡的雞也都叫了起來。魯班聽見雞叫，趕忙把最後一根望柱往橋上一安，橋也算修成了。

這兩座橋，一大一小，都很精美。魯班的大石橋，氣勢雄偉，堅固耐用；魯姜修的小石橋，精巧玲瓏，秀麗喜人。趙州一夜修起了兩座橋，第二天就轟動了附近的州衙府縣。人人看了，人人讚美。

這件事很快就傳到了蓬萊仙島仙人張果老的耳朵裡，張果老不信。他想，魯班哪有這麼大的本領！便邀了柴王爺一塊要去看個究竟。

兩人來到趙州大石橋，恰巧遇見魯班正在橋頭上站著，望著過往的行人笑呢！

張果老問魯班：「這橋是你修的嗎？」

魯班說：「是呀，有什麼不好嗎？」

張果老指了指小黑驢和柴王爺的獨輪小推車說：「我們過橋，它承受得住嗎？」魯班瞟了他倆一眼，

說：「大騾子大馬，金車銀輦都過得去，你們這小驢破車還過不去嗎？」

張果老一聽，覺得他口氣太大了，便施用法術聚來了太陽和月亮，放在驢背上的褡褳裡，左邊裝上太陽，右邊裝上月亮。柴王爺也施用法術，聚來五嶽名山，裝在了車上。兩人微微一笑，推車趕驢上橋。

剛一上橋，眼看著大橋差點倒塌。魯班急忙跳到橋下，舉起右手托住了橋身，保住了大橋。兩人過去了，張果老回頭看了看大橋對柴王爺說：「不怪人稱讚，魯班修的這橋真是天下無雙。」

柴王爺連連點頭稱是，並對著才回到橋頭上來的魯班，伸出了大拇指，魯班看著他倆的背影，心裡想：「這兩人真不簡單啊！」

現在，趙州石橋橋面上，還留著張果老騎驢踩的蹄印和柴王爺推車軋的一道溝。到趙州石橋去的人，都可以看到，橋下面原來還留有魯班爺托橋的一隻大手印，但現在看不清了。

47 眉間尺為父報仇

　　干將是楚國最有名的鐵匠，他打造的劍鋒利無比。楚王知道了，就命令干將為他鑄寶劍。干將花了三年工夫，終於鑄煉出一對寶劍。這是他一生中鑄得最好的劍。可是干將明白楚王的脾氣，要是他得到了世上罕見的寶劍，一定會把鑄劍的人殺掉，免得將來再鑄出更好的劍來。

　　這時，干將的妻子莫邪快生孩子了，這使干將更加愁眉苦臉。到京城交劍的日子到了，干將對莫邪說：「如果我一去不回，就是楚王把我殺了。我留下了一把劍，埋在南山上的大松樹底下，等孩子長大了，讓他替我報仇。」

　　干將帶著寶劍去見楚王，楚王一得到寶劍，二話不

說，立刻命令士兵殺死了干將。「哈哈，這下天下沒有比我更好的寶劍了！」楚王得意極了。

干將死後不久，莫邪生了一個男孩，取名赤鼻。赤鼻是一個相貌奇特的孩子，他兩眉之間的距離有一尺寬，人們都叫他眉間尺。莫邪記住丈夫的遺言，含辛茹苦地把孩子帶大。

十多年以後，赤鼻長成了一個小伙子，莫邪把他爸爸的不幸全部告訴了他。赤鼻流下了熱淚：「啊，可憐的爸爸！媽媽，我一定要殺死楚王，為爸爸報仇！」他跑到南山上，把埋在大松樹下的寶劍挖了出來，日日夜夜練劍。

就在赤鼻加緊練劍的時候，楚王接連幾天做了同一個夢，他夢見有一個憤怒的少年提著寶劍朝他衝過來，說要為干將報仇。楚王嚇得直冒冷汗，他忙派大臣們去打聽，才知道干將果然有個兒子，正準備進城刺殺他。楚王害怕極了，一邊派人去抓赤鼻，一邊命令士兵守緊城門，防止赤鼻混進城來。

赤鼻只好帶著寶劍逃進了大山，無法為爸爸報仇，赤鼻傷心極了。

一天，赤鼻在樹林裡遇見一位壯士，壯士非常同情赤鼻的遭遇，決定幫他一起報仇：「我能為你報仇，不

過，你得把你的頭和你的寶劍借給我，我帶著你的頭去請賞，趁機殺死楚王。」

赤鼻一聽這話，立刻跪下給壯士磕頭：「只要你能為我父子報仇雪恨，我什麼都願意給你。」說完，提起寶劍把頭割了下來。

壯士拾起了頭和劍，傷心地說：「放心吧，我一定會殺死楚王。」

壯士來到王宮拜見楚王。楚王見這頭和劍跟夢中見到的一模一樣，高興極了，要賞壯士。

壯士說：「大王，要是你把赤鼻的頭放在鍋裡煮爛，他的鬼魂就不會來傷害你了。」

楚王趕緊叫人架起大鍋，用大火煮頭。誰知煮了三天三夜，赤鼻的頭還是沒有爛掉。壯士對楚王說：「大王，您看，頭在跳舞。」

楚王也覺得奇怪，就親自走到大鍋邊，伸長腦袋朝裡看。壯士趁機拔出那把寶劍，用力一揮，把楚王的頭砍落在大鍋裡。衛兵們大吃一驚，過來抓他。壯士手起劍落，也把自己的頭砍落鍋裡。因為油鍋裡的油滾燙，旁邊的侍從們也不敢伸手進去撈。最後，三個頭煮成了一鍋湯，分不清誰是誰了。

48 孟姜女哭長城

　　相傳在秦朝的時候，有一家姓孟的人家和一家姓姜的人家是鄰居，姓孟的人家種了一棵瓜，瓜秧順著牆爬到姜家結了瓜，等到秋天瓜熟了，因為是一瓜跨兩院所以兩家決定平分這瓜。可是當他們扒開瓜時，瓜裡面居然有一個又白又胖的小姑娘，於是他們就給她起了個名字叫孟姜女。

　　孟姜女長大成人，方圓十里八鄉的鄉親們，無人不誇，誰都知道她是個人好、聰明伶俐，又能彈琴、作詩、寫文章的好閨女，老倆口更是把她當成掌上明珠。

　　正當這時候，秦始皇開始到處抓人修長城。哪家有年壯男丁都得被抓去修長城，有一個叫萬喜良的書生，因為怕被抓去修長城從家裡跑了出來。他一路狂跑，跑

得口乾舌燥，剛想歇腳，找點水喝，忽然聽見一陣人喊馬叫聲正向這邊趕來。他沒地方躲於是就跳進了旁邊一個花園。原來這花園正好是孟家的後花園。這個時候，恰巧趕上孟姜女跟著丫鬟出來在花園逛。孟姜女冷不防地看見絲瓜架下藏著一個人，她和丫鬟剛要喊，萬喜良就趕忙鑽了出來，上前打躬施禮哀求說：「小姐，小姐，千萬別喊，外面有人抓我，快救我一命吧！」

孟姜女一看，萬喜良書生模樣，長得挺俊秀，就和丫鬟回去報告員外去了。老員外在後花園盤問萬喜良的家鄉住處，姓甚名誰，何以跳牆入院，萬喜良一五一十地作了回答。員外見他很老實，知書達禮，就答應把他暫時藏在家中。

萬喜良在孟家藏了些日子，老倆口見他一表人材，舉止大方，和自家姑娘又挺合適的，於是就商量著招他為婿。跟女兒一商量，女兒也同意。給萬喜良一提，范公子也樂意，這門親事就這樣定了。沒過多久就選擇了個吉日良辰，請來了親戚朋友，擺了兩桌酒席，歡歡喜喜地鬧了一天，兩人就拜堂成親了。

常言說：「人有旦夕禍福，天有不測風雲」。小倆口成親還不到三天，突然闖來了一夥衙役，沒容分說就生拉硬扯地把范公子給抓走了！萬喜良還是沒逃過衙役

的魔爪，終究還是被抓去修長城了。

　　這一去可是凶多吉少啊！孟姜女整天在家哭啊，盼啊！可是眼巴巴地盼了一年，不光人沒回來，連封信也沒有盼來。孟姜女實在是放心不下，就一連幾夜為丈夫趕做寒衣，要親自去長城尋找丈夫。她爹娘看她那執拗的樣子，攔也攔不住，就答應了。孟姜女打整了行裝，辭別了父母，踏上了尋夫的行程。

　　孟姜女一直往北走，穿山越水，餓了，啃口涼餑餑；渴了，喝口涼水；累了，坐在路邊歇歇腳。就這樣一路艱辛，可是無論如何也阻擋不了她尋夫的決心。

　　不管風吹雨打她一路跋山涉水向北前行。一天，她走得筋疲力盡，又覺得渾身發冷，她剛想歇歇腳，卻昏倒了。當她甦醒過來，才發覺自己是躺在老鄉家的熱炕頭上，房東大娘給她擀麵煮湯，沏紅糖薑水，她千恩萬謝，感激不盡。

　　她身體剛恢復一點，就掙扎著起來繼續趕路。

　　房東大娘含著淚拉著她說：「姑娘，我知道你找丈夫心切，但你身體還沒康復，我能忍心讓你走嗎！你看看你的腳都成了血疙瘩了，哪還是腳呀！」

　　孟姜女一看自己的腳，都成了血疙瘩了。於是她在老大娘家又住了兩天，病沒痊癒就又動身了。

老大娘一邊掉淚，一邊嘴裡念道：「這是多好的媳婦呀！老天爺呀，你行行好，讓天下的夫妻團聚吧！」

皇天不負苦心人，孟姜女終於到了修長城的地方。她向修長城的民工打聽她丈夫的下落，可是沒有一個人知道，她不知打聽了多少人，才打聽到了鄰村修長城的民工。鄰村的民工熱情地帶著她找和萬喜良一塊修長城的民工。

孟姜女問：「各位大哥，你們是和萬喜良一塊修長城的嗎？」

大伙說：「是！」

「萬喜良呢？」

大伙你看看我，我看看你，含著淚水誰也不吭聲。孟姜女一見這情景，便瞪大眼睛急追問：「我丈夫萬喜良呢？」

大伙見瞞不過，吞吞吐吐地說：「萬喜良上個月就累餓而死了！」

「屍首呢？」

大伙說：「死的人太多，埋不過來，監工的將他填到長城裡頭了！」

大夥話音未落，孟姜女手拍著長城，就失聲痛哭起來。

她哭啊，哭啊，只哭得成千上萬的民工個個低頭掉淚；只哭得日月無光，天昏地暗；只哭得秋風悲號，海水揚波。

正哭著，忽然「嘩啦啦」一聲巨響，長城像天崩地裂似地一下倒塌了一大段，露出了一堆堆人骨頭，那麼多的白骨，哪一個是自己的丈夫呢？她忽然想起了小時候聽母親講過的故事：親人的鮮血能滲進親人的骨頭，她咬破中指，滴血認屍。她又仔細辨認破爛的衣扣，認出了丈夫的屍骨，孟姜女守著丈夫的屍骨，哭得死去活來。

正哭著時，秦始皇帶著大隊人馬，巡察邊防，從這裡路過。秦始皇聽說孟姜女哭倒了城牆，立刻火冒三丈，暴跳如雷。他率領三軍來到角山之下，要親自處置孟姜女。可是他一見孟姜女年輕漂亮，眉清目秀，又如花似玉，就想要霸佔孟姜女。孟姜女哪裡肯依呢！於是秦始皇派了幾個老婆婆去勸說，又派中書令趙高帶著鳳冠霞帔去勸說，孟姜女死也不從。

最後，秦始皇親自出面，孟姜女一見秦始皇，恨不得一頭撞死在這個無道的暴君面前。但她轉念一想，丈夫的怨仇未報，黎民的怨仇沒伸，怎能白白地死去呢！她強忍著憤怒聽秦始皇胡言亂語。

秦始皇見她不吭聲，以為她是願意了，就更加眉飛色舞地說上勁了：「你開口吧！只要依從了我，你要什麼我給你什麼，金山銀山都行！」

孟姜女說：「金山銀山我不要，要我依從，只要你答應三件事！」

秦始皇說：「別說三件，就是三十件也依你。你說，這頭一件！」

孟姜女說：「頭一件，得給我丈夫立碑、修墳，用檀木棺槨裝。」

秦始皇一聽說：「好說，好說，應你這一件。快說第二件！」

「這第二件，要你給我丈夫披麻戴孝，打幡抱罐，跟在靈車後面，率領著文武百官哭著送葬。」

秦始皇一聽，這怎麼行！我堂堂一個皇帝，豈能給一個小民送葬呀！「這件不行，你說第三件吧！」

孟姜女說：「第二件不行，就沒有第三件！」

秦始皇一看這架式，不答應吧，眼看著到嘴的肥肉撈不著吃，答應吧，豈不讓天下的人恥笑。又一想：管它恥笑不恥笑，再說誰敢恥笑我，就宰了他。想到這兒他說：「好！我答應你第二件。快說第三件吧！」

孟姜女說：「第三件，我要逛三天大海。」

秦始皇說：「這個容易！好，這三件都依你！」

秦始皇立刻派人給萬喜良立碑、修墳，採購棺槨，準備孝服和招魄的白幡。出殯那天，萬喜良的靈車在前，秦始皇緊跟在後，披著麻，戴著孝，真當了孝子了。

等到發喪完了，孟姜女跟秦始皇說：「咱們遊海去吧，遊完好成親。」

秦始皇可真樂得不知如何是好，忽聽「撲通」一聲，孟姜女縱身跳海了！

秦始皇一見急了：「快，快，趕快給我下海打撈。」

打撈的人剛一下海，大海就嘩嘩地掀起了滔天大浪。打撈的人見勢不妙，急忙上船。這大浪怎麼來得這麼巧呢？原來，龍王爺和龍女都同情孟姜女，一見她跳海，就趕緊把她接到龍宮。隨後，命令蝦兵蟹將，掀起了狂風巨浪，秦始皇幸虧逃得快，要不就被捲到大海裡去了。

品味唐詩 《上》

人生之無常，正如天地之蒼茫。

藝術來自於生活，是現實生活在文人們筆下的反映。熟讀唐詩可以走進歷史，走進那個時代，走進詩人們的生活。

在人生中當我們碰到各種境遇時，一定會發出許多感慨，或是感歎人生苦短，或是憂思古人，或是歎老嗟卑，或是意氣風發、笑談人生……人生雖然由許多具體內容組成，但是卻有許多共通之處，讓我們從唐詩裡領略古人的心得及背後那些鮮為人知的故事。

品味唐詩 《下》

説不盡的是永遠的牽掛和擔憂，
道不完的是彼此的相思與懷念，
種種的遺憾，在詩人們的筆下化作了一曲曲悲歌。

自古文人多強項，雖説書生總給人一種文弱的印象，但是他們卻心繫天下、關注時局、憂國憂民，他們是用筆和紙抗爭的戰士。

唐詩記錄了一些有趣的事情，而有些詩歌的創作本身就是一段小小的奇聞逸事，本書將為讀者講述唐詩背後那些鮮為人知的故事。

宋詞似紅酒，那抹嫣紅，是你深邃的靈魂

品味宋詞《上》

詞，又稱長短句，在歷史上，以宋朝時期詞的成就最高，所以人們常以唐詩宋詞並稱。宋詞不乏唐詩的意境，又多了一份詞的韻味，讀來朗朗上口，不但為當時的文人墨客所喜愛，也常為後人、包括今天的人們所吟誦。

每一個特定的時代似乎總會出現一些讓人傷懷的事情，這些事情的進一步深化便成了歷史上的悲劇，有受封建禮教束縛的愛情悲劇；也有愛國志士遭佞人讒害致死的悲劇；更有大好河山落入旁人之手的千古遺恨。在這一幕幕的悲劇中，詞人用他們特有的手法書寫著、記錄著，留給後人深深的啟迪。

品味宋詞 《下》

宋詞的精髓在於一個「美」字：有傷感之美，有豪邁之美，有「小橋流水人家」的情趣之美，有「壯懷激烈」的胸懷之美。在品讀宋詞中，人們可以體會文字的力量，也可以感悟情懷的豐沛。

宋詞是古典文學寶庫中的一塊寶玉。抒情是宋詞創作的主要動因之一，在這些言志、抒情的詞篇中，有對現實生活的無奈，有對當政者的不滿和憤慨，也有對人生的真實感悟。這些都是作者真實情感的流露，也是前人對世事、人生百態的看法。

謝謝您購買 ___一生不能錯過的中國神話故事集___ 與我們一起分享讀完本書後的心得。務必留下您的基本資料及電子信箱，使用我們準備的免郵回函寄回，我們每月將抽出一百名回函讀者，寄出精美禮物以及享有生日當月購書優惠！想知道更多更即時的消息，歡迎加入“永續圖書粉絲團”

您也可以使用以下傳真電話或是掃描圖檔寄回本公司電子信箱，謝謝！

傳真電話：（02）8647-3660　電子信箱：yungjiuh@ms45.hinet.net

●請針對下列各項目為本書打分數，由高至低 5～1 分。

　　　　　5 4 3 2 1　　　　　　　　　　5 4 3 2 1
1.內容題材　□□□□□　　2.編排設計　□□□□□
3.封面設計　□□□□□　　4.文字品質　□□□□□
5.圖片品質　□□□□□　　6.裝訂印刷　□□□□□

●您購買此書的地點及店名＿＿＿＿＿＿＿＿＿＿＿＿＿＿＿＿＿＿＿＿＿＿

●您為何會購買本書？
□被文案吸引　□喜歡封面設計　　□親友推薦　　□喜歡作者
□網站介紹　　　□其他＿＿＿＿＿＿＿＿＿＿＿＿＿＿＿＿＿＿＿＿＿＿

●您認為什麼因素會影響您購買書籍的慾望？
□價格，並且合理定價是　　　　　　　　□內容文字有足夠吸引力
□作者的知名度　　　□是否為暢銷書籍　　□封面設計、插、漫畫

●請寫下您對編輯部的期望及建議：

讀者專用回函

一生不能錯過的中國神話故事集

培養文化育智心靈的好選擇